해야 될 기도,
하지 말아야 될 기도

해야 될 기도, 하지 말아야 될 기도

· **초판 1쇄 발행** 2017년 7월 10일

· **지은이** 황영철
· **펴낸이** 민상기 · **편집장** 이숙희 · **펴낸곳** 도서출판 드림북
· **등록번호** 제 65 호 · **등록일자** 2002. 11. 25.
· 경기도 의정부시 가능1동 639-2(1층)
· Tel (031)829-7722, Fax(031)829-7723

· 잘못된 책은 교환해 드립니다.
· 이 출판물은 저작권법에 의해 보호를 받는 저작물이므로 무단 복제할 수 없습니다.
· 독자의 의견을 기다립니다.

성의의 소리 시리즈 01

해야 될 길
하지 말아야 될 길

황영철 지음

드림북

서 문

기도에 대해 교회에서 강설한 내용을 묶어서 책으로 냅니다. 이미 기도에 대한 훌륭한 글들이 많으므로 그것을 그냥 읽으면 될 것인데 왜 굳이 새로 기도에 대해 강설을 해야 할까 하고 생각해 보았습니다. 기도에 대한 하나님의 말씀의 교훈은 정당하고 일관되지만, 그것이 오늘날 특별히 한국의 교회에서 특정한 형태로 오해되고 있으므로 그것을 반성하는 것이 필요하다고 생각했습니다.

본서의 앞 부분은 주로 그릇된 기도에 대한 강설이고, 뒷부분은 주로 하이델베르크 요리문답의 주기도문 해설을 교회에서 강설한 것입니다.

기도에 대한 성경의 전체적인 내용을 다 다룬 것이 아니라 특별히 문제가 되고 있는 그릇된 기도를 염두에 두었습니다. 기도하는 사람에게 기도하라고 권면할 필요가 없고, 하나님의 영광을 위해서 기도하는 사람에게 하나님의 영광을 위해서 기도하라고 권할 필요는 없습니다. 하지만 정직하지 못한 기도를 하는 사람에게는 정직하게 기도하라고 말해야 하고, 하나님의 능력을 힘입어 액을 피하고 복을 얻기 위해서 기도하는 사람에게는 기도는 그런 목적으로 하는 것이 아니라고 말해야 하고, 많이 기도할수록 좋다고 생각하는 사람에게는 잘못된 목적으로 많이 기도하면 기도에 응답을 받기는커녕 기도를 할수록 더욱 신앙에 해를 입는다고 말해 주어야 하며, 무책임한 기도를 하는 사람에게는 그런 기도는 하나님을 가볍게 여기는 잘못이라고 말해 주어야 합니다. 그것이 목사의 의무라고 생각합니다.

뿐더러 기도는 신앙의 성장을 위해서 참으로 유용한 수단입니다. 하나님께서 명하신 것을 소원하고, 그것을 위하여 기도하면 항상 응답을 받으며 신앙에 힘을 얻을 수 있습니다. 관건은, 하나님의 뜻이 나의 소원이 되는 것입니다. 주님께서 가르치신 기도에서 그것을 배울 수 있습니다. 이 책이 그릇된 기도를 지양하고 바른 기도를 지향하는 데에 도움이 되기 바랍니다.

2017. 6. 20
황영철

목 차

서 문	4
기도 1	9
기도 2	25
기도 3	42
기도 4	60
기도 5 주기도문(1)	76
요리문답 주기도 45주	92
요리문답 주기도 46주	103
요리문답 주기도 47주	119
요리문답 주기도 48주	131
요리문답 주기노 49주	146
요리문답 주기도 50주	160
요리문답 주기도 51주	175
요리문답 주기도 52주	190
주기도문 결론	204

기도 1

[다윗의 시, 인도자를 따라 부르는 노래] 1하나님이여 찬송이 시온에서 주를 기다리오며 사람이 서원을 주께 이행하리이다 2 기도를 들으시는 주여 모든 육체가 주께 나아오리이다(시 65:1-2)

서론

이 시편은 하나님을 부를 때에 "기도를 들으시는 주여"라고 부릅니다. 과연 하나님은 기도를 들으시는 분입니다. "1 여호와의 손이 짧아 구원하지 못하심도 아니요 귀가 둔하여 듣지 못하심도 아니라"(사 59:1). 하나님은 인격신이시므로 이렇게 기도를 듣고 거기에 응답하시는 분입니다. 하나님이 기도에 응답하시는 분이므로 기도에 대한 공부가 의미를 가집니다. 기도에 대해서 배워야 하는 두 가지 기본적인 이유가 있습니다. 우리 모두가 기도를 하지 않을 수 없다는 것이 첫째 이유이고, 기도에 대해서 배우지 않으면 그릇된 기도를 할 수밖에 없다는 것이 둘째 이유입니다.

첫째로, 기도는 기독교 신자의 전유물이 아니라 모든 사람이 살면서 하는 영혼의 활동입니다. 기독교 신자뿐만 아니라, 다른 모든 종교의 신자, 그리고 심지어 무신론자라는 사람들도 기도를 하지 않을 수 없습니다.

기도가 무엇인지를 깊이 따져보면 기도란 근본적으로 마음속에 품은 염원입니다. 그 염원을 말로 표현하면 신자가 통상 살면서 하는 기도가 됩니다. 감사가 되었든 찬송이 되었든 간구가 되었든 기도는 언어로 표현되기 전에 먼저 마음 깊숙한 곳에 있는 염원으로부터 시작합니다. 우리는 이런 염원을 소원이라고도 합니다. 사람이 왜 염원을 가질까요? 이루어지기를 바라지만 지금 자기 힘으로 이룰 수 없는 무엇인가가 있기 때문입니다. 완전히 만족하거나 완전히 포기한 사람은 염원하는 것이 없을 것이고, 따라서 기도하지 않을 것입니다. 하지만 사람이 그렇게 될 수는 없습니다. 지금 더 없이 행복하다 하더라도 그 행복을 스스로 지킬 수 없는 사람은 그 행복이 지속되기를 역시 염원하지 않을 수 없기 때문입니다.

만약 염원을 이룰 능력이 자기 안에 있다면 염원을 품을 이유가 없습니다. 그러므로 하나님은 기도하시지 않습니다. 하나님은 원하시는 것에 대해 염원을 품는 것이 아니라 그냥 이루십니다. 하지만 이럴 능력이 없는 사람은 염원을 품게 되고, 그것을 이룰 능력이 자기 안에 없으므로 자기 밖의 누군가가 혹은 그 무엇인가가 그것을 이루어 주기를 바랍니다. 이것이 기도의 본질입니다. 그렇다면 염원을 품고 사는 한 모든 사람은 기도하면서 사는 것입니다. 이와 같이 기도란 어떤 종교의 전유물이 아니라, 자기의 존재와 생명을 절대자이신 하나님께

의존하지 않을 수 없는 모든 사람의 자연적인 영혼의 활동입니다. 그러므로 신자든 불신자든 모든 사람은 기도에 대해 배워야 합니다.

둘째로, 만약 기도에 대해 배우지 않는다면 우리 모두가 그릇된 기도를 할 수밖에 없는 이유에 대해 보겠습니다. 어떤 염원은 정당하고 어떤 염원은 부당하다는 것은 상식입니다. 그러면 무엇이 정당한 염원이고 무엇이 부당한 염원인지를 누가 결정할 수 있는가? 하는 질문을 던질 수 있습니다. 혹은 사람의 눈에는 정당한 염원 같지만 실제로는 부당한 염원이 있을 수 있습니다. 이 문제에 대한 최후의 결정권은 당연히 하나님에게 있습니다. 하나님은 사람보다 훨씬 의로우시며 지혜로우셔서 사람이 미처 생각하지 못하는 것을 다 생각하시기 때문입니다. 그러므로 사람은 하나님께서 사람에게 품으라 하시는 그 염원을 품어야 합니다. 그런데 사람이 이 점에서 언제나 그릇된 길로 갈 수밖에 없는 존재가 되었습니다. 처음 지음을 받았을 때에는 그렇지 않았는데, 타락으로 인해서 그렇게 되었습니다. 그러므로 기도에 대해서 배울 때에 가장 먼저 생각할 것은 자기가 원하는 것을 받는 비결이 무엇인가가 아니라, 애초에 무엇을 기도해야 하는가, 어떤 염원을 품어야 하는가 하는 것입니다. 이것이 출발점이 되어야 합니다. 바른 염원을 품고 바른 것을 기도하며 살아야 사람은 정당하고 행복하게 살 수 있습니다.

기도하지 말아야 하는 것

무엇을 기도해야 할지를 생각하기 전에, 먼저 무엇을 기도하지 말아야 할지를 생각해야 합니다. 기독교회 내에서는 모든 것을 하나님께 기도해서 얻어야 한다는 말을 자주 합니다. 어떤 의미에서는 정당한 말입니다. 사람은 원래 자기 힘으로 아무 것도 얻을 수 없는 존재이므로 모든 것을 하나님에게서 받아야 합니다. 그런데 하나님께서 사람에게 필요한 것을 공급하실 때 두 가지 방식을 취하십니다. 하나는 일반은혜의 방식이고 다른 하나는 특별은혜의 방식입니다. 그 중 일반은혜에 속한 일들은 기도에 대한 응답이라는 방식을 취하지 않고 얻게 하셨습니다. 예를 들면, "45 이같이 한즉 하늘에 계신 너희 아버지의 아들이 되리니 이는 하나님이 그 해를 악인과 선인에게 비추시며 비를 의로운 자와 불의한 자에게 내려주심이니라"(마 5:45). 이와 같이 모든 것이 하나님에게서 오는 것은 사실이지만, 그 모든 것이 기도에 대한 응답이라는 방식을 통해서만 오는 것은 아닙니다. 신자도 모든 것을 하나님에게서 받지만 그 모든 것을 다 구해서 받는 것은 아닙니다. 신자가 기도로 구하지 못한 많은 것을 하나님께서 전능한 지혜로 다 아시고 주십니다. 이와 같이 신자는 특별은혜 속에서만 사는 것이 아니라 일반은혜 속에서도 삽니다. 그러므로 이런 일반은혜를 무시하지 말아야 합니다. 신자도 이 세상 생활의 많은 것들에 대해 일일이 기도하는 것이 아니라 일반적인 사리에 따라서 살게 됩니다. 물론 거기에 신자와 불신자 사이에 차이가 있습니다. 불신자는 그 모든 것이 하나님께로부터 온다는 것을 알지 못하여 감사하지 않지만, 신자는 그것을 알고 감사하면서 누린다는 점입니다.

예를 들어서, 시장할 때에 음식이 앞에 있으면 우리는 "이 음식을 먹을 수 있게 하옵소서"라고 기도하지 않습니다. 감사하면서 앞에 놓여 있는 음식을 먹으면 됩니다. 그것은 기도할 문제가 아닙니다. 혹은 산책을 하고자 할 때에 '산책을 하게 해 주옵소서'라고 기도하고, 거기에 대한 응답을 받은 후에 산책하지는 않습니다. 나가서 산책을 하면 됩니다. 물론 신자라면 음식을 먹든지 산책을 하든지 하나님께 감사하는 마음을 품고 합니다.

여기서 조금 더 나아가 어떤 학생이 좋은 성적을 얻고자 하는 경우를 생각해 보십시다. 기독교 내에서는 신자들이 이런 경우에 공부를 열심히 하여 좋은 성적을 얻게 해 달라고 많이들 기도합니다. 대학진학이 매우 중요한 일이 되어 있는 한국에서는 이것이 부모의 중요한 기도 제목이기도 합니다. 하지만 이것이 과연 기도할 만한 일인가에 대해 반성할 필요가 있습니다. 만약 좋은 성적을 얻고 싶으면 시간을 아끼고 정신을 집중하여 지식을 쌓아 시험에서 좋은 결과를 얻으면 됩니다. 그런데 이렇게 노력하지 않고 좋은 성적 얻기를 기도한다면 이것은 하나님의 힘을 빌어서 좋은 성적을 얻게 해달라는 뜻일 것입니다. 만약 그렇다면 이건 좀 이상합니다. 공부를 하고 석차를 정하고 그것에 따라서 학생에게 차등을 두어 대우하는 일들은 경쟁 사회의 자연스러운 절차입니다. 이런 식의 경쟁이 모두 정당한 것은 아니지만 어쨌든 현실적으로 그것은 경쟁입니다. 그런데 이런 경쟁에서 하나님의 힘을 빌어 좋은 결과를 내겠다고 한다면 이것은 부정당한 기도입니다. 이런 부정당한 기도가 널리 횡행하는 것은 하나님께서 사람을 다스리시는 방법에 대한 무지에서 옵니다.

이 원칙은 경쟁이 수반되는 모든 분야의 일에 대해서도 마찬가지입니다. 회사에 입사하거나, 회사에서 승진하거나 하는 모든 일들에는 어느 정도의 경쟁이 있게 마련입니다. 이럴 경우에 많은 신자들이 하나님의 도우심을 구하는 기도를 하는 것을 보았습니다. 그런데 곰곰이 생각해 보면 이런 기도는 대단히 이상한 일입니다. 경쟁에서 하나님이 신자에게 특혜를 준다면 이는 불공평한 일입니다. 한 나라의 대통령이라 하더라도 그들의 자녀가 입사 시험을 치를 때에는 일반 시민과 동일한 조건에서 시험을 치러야 합니다. 승진의 경우도 마찬가지입니다. 일반 사회에서도 이렇거든, 하나님이 이런 공평의 원칙을 어길 수가 없습니다. 그러므로 그런 일은 기도할 일이 아님이 분명합니다. 도리어 일반은혜의 원칙에 따라서 합당하게 행동하면 됩니다. 좋은 성적을 얻고 싶으면 기도할 것이 아니라 공부를 열심히 해야 합니다. 승진하고 싶으면 회사에서 성실하고 유능하게 일해야 합니다. 그리고 어떤 결과가 나오면 그 결과를 기반으로 다시 다음 단계의 일을 해 나가면 됩니다. 하나님께서는 신자와 불신자가 모두 이런 영역에서 동일한 조건 하에 살게 하셨습니다. 그러므로 이런 문제에 대해서는 기도할 게 아니라 일반은혜의 규칙을 따라 행동해야 합니다. 하나님을 모르는 어떤 사람들이 뇌물과 청탁 같은 부정한 방법으로 이 규칙을 어기려 한다 할지라도 하나님을 아는 사람은 오직 공평한 길을 취해 나가야 합니다.

  도리어 그 영역에서 기도할 내용은 따로 있습니다. 곧 모든 사람이 공평하게 경쟁하고, 모든 사람이 그들의 능력에 따라서 합당한 일을 담당하는 공평하고 의로운 사회가 되기를 원하는 기도는 모든 신자가 해야 하는 중요한 기도입니다. 그것이 하나님께서 원하시는 사회이기 때문입니다. 이런 사회가 되는 것을 마음의 염원으로 품고, 하나님께 그것을 호소하며, 그런 사회가 되도록 애를 쓰는 것이 바른 기도이고 바른 생활 태도입니다. 하나님께서는 이런 기도를 기쁘게 받으십니다. 그렇지 않고 좋은 성적을 얻게 해달라든지 승진에서 도움을 구하는 사람의 기도에 대해서는 "너는 나를 이방신인 줄 아느냐? 그런 기도는 우상에게나 가서 해라" 하고 말씀하십니다.

병고침을 위한 기도의 경우

이와 관련하여 한 가지 더 생각할 것이 있습니다. 신자가 병이 들었을 때 어떻게 해야 하느냐 하는 문제입니다. 이 문제와 관련하여 기독교계 내에는 신유라는 이름의 독특한 현상이 있습니다. 곧 하나님의 능력으로 병을 고치는 일입니다. 이런 일이 성경에 많이 기록되어 있습니다. 그래서 기독교인들은 병이 들면 기도로 병을 고치겠다는 생각을 많이 합니다. 또한 야고보서에 보면 "14 너희 중에 병든 자가 있느냐 그는 교회의 장로들을 청할 것이요 그들은 주의 이름으로 기름을 바르며 그를 위하여 기도할지니라 15 믿음의 기도는 병든 자를 구원하리니 주께서 그를 일으키시리라 혹시 죄를 범하였을지라도 사하심을 받으리라 16 그러므로 너희 죄를 서로 고하며 병이 낫기를 위하여 서로 기도하라 의인의 간구는 역사하는 힘이 큼이니라"(약 5:14-16)는 구절이 있습니다. 이런 구절을 근거로 신자들은 병 낫기를 위해서 기도하는 일이 많이 있습니다. 또한 어떤 사람들은 자기들에게 병을 고치는 특별한 능력 곧 신유의 은사가 있다고 하면서 돌아다니기도 합니다.

야고보서의 이 구절에서 말하는 병은 일반적인 질병이 아니라 어떤 죄악으로 인해서 초자연적으로 발생한 병으로 보입니다. 그래서 죄를 사하는 것과 병을 고치는 것을 함께 말합니다. 그러므로 이것을 모든 질병에 무조건적으로 적용하는 데에는 무리가 있어 보입니다. 빌립보서에 보면 에바브로디도가 병에 걸렸습니다. 그 경우에 사도는 장로

들을 부르지도 않았고, 신유의 은사를 발휘하여 그의 병을 고치지도 못했습니다. 도리어 근심하기만 했습니다(빌 2:25-27). 디모데의 경우도 마찬가지입니다(딤전 5:23). 그러므로 모든 병을 기도에 의해서 고쳐야 한다든지 고칠 수 있다든지 하는 것은 성경의 전체적인 가르침이 아닙니다. 특별히 사도 바울이 디모데에게 포도주를 조금씩 마시면 병의 치료에 도움이 될 것이라고 한 권고는 신자가 질병의 문제에 대해서도 일반은혜의 규칙을 따라야 한다는 것을 보여 줍니다. 그러므로 신자는 질병에 걸렸을 때에 일반적인 규칙을 따라서, 약을 복용하거나 병원을 찾아 의사의 진단을 받고 합당한 치료를 받아야 합니다. 이 경우에도 신자는 궁극적으로 의사를 의지하지는 않습니다. 병을 치료하는 이는 하나님이시지 사람이 아니기 때문입니다. 사람은 단지 하나님의 도구 노릇을 하는 것뿐입니다.

그러면 병이 일반은혜의 영역에서 발생하는 일이라면 병을 낫게 해 달라고 기도하면 안될까요? 대개 병에 걸리면 고통이 수반되고, 중한 병이 들면 육신의 고통뿐만이 아니라 정신적 절망감이 들기 때문에 사람들은 필사적이 되기 쉽습니다. 그래서 더욱 간절히 기도하게 됩니다. 또한 어떤 절박한 경우가 되면 사람은 냉정한 생각을 하기 이전에 마음의 소원을 그냥 쏟아내게 됩니다. 이것은 모든 사람에게 자연스러운 일입니다. 사람은 감정을 가지고 있고 이 감정은 때로 강력하게 작용하기 마련입니다. 그러므로 사랑하는 사람이 병들었을 때에 그 병이 낫기를 바라는 염원을 누구나 품게 되고 그것은 이미 기도가 되어 있습니다. 우리 중 누구도 사랑하는 사람의 질병이나 불행을 무덤덤하게 바라볼 수는 없을 것입니다.

하지만 이럴 때에 마음을 안정시키고 한 발 뒤로 물러서서 생각할 필요가 또한 있습니다. 천하 만물을 자기 뜻대로 통치하시는 하나님은 사람의 질병의 문제와 무관하지도 않으시고 그것에 대해 무관심하지도 않으십니다. 어떤 한 개인이 질병에 걸린 일에 있어서도 당연히 하나님의 섭리가 작용하고 있습니다. 그 섭리는 그 질병을 통해서 사람을 이 세상에서 데려가는 결과를 내기도 하고, 그 사람에게 경고를 주어 더욱 건강한 생활 습관을 형성하게 하는 계기가 되기도 하며, 혹은 질병 속에서도 신앙의 빛을 냄으로 하나님의 영광을 드러내기도 합니다.

그렇다면 병에 걸린 신자는 낫기만을 바랄 것이 아니라 그 문제에 대한 지혜를 구해야 할 것입니다. 자신이 병에 걸린 것이 혹시 일반은혜의 영역에서 발생한 일은 아닌지를 반성해야 합니다. 옳지 않은 식습관을 가지고 살아왔는지, 잘못된 생활습관을 가지고 있었는지, 운동을 게을리하지 않았는지에 대해 반성해야 합니다. 만약 그런 일에서 자신의 부족이 발견되면 그것을 고쳐 나가야 합니다. 혹은 자신에게서 그런 부족이 발견되지 않았는데도 질병이 들었다면, 자기 건강에 대해 지나친 자신감을 가지지 않았는지를 또한 반성해 볼 수 있습니다. 혹은 욥의 경우와 같이 우리에게 감춰진 어떤 신비한 이유로 질병에 걸릴 수도 있습니다. 어쨌든 이와 같이 질병에 걸렸다면 병을 고쳐야겠다는 생각에 너무 집중하여 하나님의 전체적인 섭리를 못 보는 일이 없도록 마음을 단정히 하여 그 일에 대해 생각하면서, 그 모든 것을 바로 깨달을 수 있기를 기도해야 합니다. 왜냐하면 사람은 그런 문제 앞에서 쉽게 당황하고 마음의 여유를 잃게 되며, 그 생각이 하나님의 정당한 교훈의 길을 벗어나기 쉽기 때문입니다.

불치병에 걸렸다 해도 이 규칙은 마찬가지입니다. 마음속에서 병이 낫기를 바라는 마음이 불같이 일어나는 것은 자연스러운 일입니다. 하지만 그 생각에만 온통 집중하는 것이 아니라 한발 뒤로 물러나 생각해야 합니다. 하나님께서는 언젠가는 사람을 이 세상에서 데려 가십니다. 그 방법은 다양하며 불치병은 그 방법 중의 하나입니다. 하지만 불치병이 사람에게 불치이지 하나님에게는 그렇지 않습니다. 하나님께서 원하시면 불치병이라도 얼마든지 고치실 수 있습니다. 그러므로 그런 경우에도 하나님께서 마음에 안정을 주시며 그 병의 의미를 깨닫게 해주시기를 위해 기도하고, 결과가 어떠하든지 부활을 믿는 신앙인답게 대처할 힘을 달라고 기도해야 합니다. 사람의 생각에는 무병장수하면 좋겠지만 하나님의 신비한 뜻은 다를 수 있습니다. 그 모든 일의 결정을 완전히 하나님께 맡기고 자신은 하나님의 처분을 받으며, 그 처분이 어떠하든지 거기서 거룩한 교훈을 받아 하나님께서 기뻐하시는 생활에서 열매를 맺으면 됩니다. 이런 일에서 혼란이 없어야 합니다.

기도의 목적

앞에서 기도는 본질적으로 '마음의 염원'이라고 했습니다. 그러므로 곰곰이 생각해 보면 사람이 과연 입을 열어 언어를 사용하여 기도할 필요가 있는가 하는 의문이 듭니다. 주님께서 이렇게 말씀하신 데가 있습니다. "7 또 기도할 때에 이방인과 같이 중언부언하지 말라 그들은 말을 많이 하여야 들으실 줄 생각하느니라 8 그러므로 그들을 본받지 말라 구하기 전에 너희에게 있어야 할 것을 하나님 너희 아버지께서 아시느니라"(마 6:7-8). 이 말씀을 적용하면, 우리가 마음속으로 염원을 품으면 하나님은 우리가 그 염원을 말로 하기 전에 이미 알고 계십니다. 그렇다면 굳이 사람의 말로 기도할 필요가 없을 것 같습니다. 하지만 성경은 "6 아무 것도 염려하지 말고 다만 모든 일에 기도와 간구로, 너희 구할 것을 감사함으로 하나님께 아뢰라"(빌 4:6)고 가르칩니다. 마음의 필요를 입을 열어 구하라는 것입니다. 기도는 마음의 염원이고 그것을 하나님은 이미 아시는데 그것을 굳이 기도해야 할 이유가 무엇인가 하는 의문이 듭니다.

여기서 기도에 대해서 생각할 때 가장 먼저 생각해야 하는 대전제가 있습니다. 그것은 기도의 효과는 하나님께 미치는 것이 아니라 사람에게만 미친다는 사실입니다. 이미 모든 것을 아시는 하나님은 우리의 기도를 필요로 하지 않으십니다. 사람이 입을 열어 기도해야 하는 이유는, 기도를 통해서 사람이 혜택을 보기 위함입니다. 사람이 마음에 품은 염원을 입으로 기도하느냐 하지 않느냐 하는 것은 확실히 차이를 만듭니다. 하지만 그 차이는 하나님에게서 발생하지 않고 오직 사람에게서만 발생합니다. 이것을 가장 먼저 기억해야 합니다.

다음으로 신자는 하나님께서 주기로 작정하지 않은 것을 기도를 통해서 얻어낼 수가 없습니다. 하나님은 신자의 기도에 의해서 마음을 바꾸는 분이 아니기 때문입니다. 이렇게 이야기하면 당연히 반론이 나옵니다. 히스기야의 경우입니다. 그 경우에 하나님이 마음을 바꿔 히스기야의 수명을 15년 연장한 것으로 되어 있습니다. 하지만 이것은 이른바 신인동정적 표현(anthropopathism)입니다. 하나님께서 하시는 일을 사람이 이해하기 쉽도록 표현하는 방식이지 하나님 자신이 마음을 바꾸는 일은 없습니다. 하나님은 처음부터 히스기야의 수명을 15년 더 살도록 정하셨습니다. 그러나 히스기야에게 교훈을 주기 위해서 이사야를 통해서 그런 선언을 하시고 히스기야로 기도하게 하신 후에 그의 수명을 15년 연장해 주셨습니다. 이렇게 생각하는 것이 정당합니다. 그러므로 하나님께서 사람에게 주지 않으시는 것을 사람이 기도를 통해서 얻어낼 수는 없습니다.

하지만 이것이 결정론을 가르치는 것은 아닙니다. 만약 히스기야가 이사야의 선언을 듣고 '아 내 운명은 결정되었구나, 죽음을 기다릴 수밖에'라고 생각하고 기도하지 않았다면 어떻게 되었을까요? 히스기야는 그렇게 하지 않았습니다. 자신이 하던 개혁의 일을 계속하고자 하는 간절함이 너무나 강했기 때문에 죽음의 선고를 듣고서도 하나님께 호소했고 하나님의 응답을 받았습니다. 이것이 하나님께서 일하시는 방식입니다. 하나님은 모든 것을 알고 정하셨지만 사람은 그 정하심을 알지 못합니다. 그러므로 자신의 지식과 신앙의 한계 내에서 최선이라고 생각되는 것을 구하고 나가는 것입니다. 그렇게 하는 가운데 깨닫는 것이 있고 신앙의 성장이 있습니다.

과거 한국의 교회에서 유행한 말 중에 '하나님의 보좌를 흔드는 능력 있는 기도'라는 말이 있었습니다. 지나고 보니 참으로 해괴한 말입니다. 그 말을 한 사람들은 자기들의 말이 무슨 뜻인지 모르고 했음이 분명합니다. 만약 알고 했다면 신성모독에 해당하는 중죄입니다. 하나님께서 좌정하신 보좌가 자기의 입에서 나오는 말로 흔들릴 수 있다는 뜻인데, 그렇다면 그 보좌에 앉으신 하나님이 어떤 존재가 되는 걸까요? 이것은 신성모독에 해당하는 말일 뿐더러 기도의 효용을 전혀 모르고 한 말입니다. 기도란 하나님의 보좌를 흔들기 위한 것이 아니라 죄인인 자기의 마음을 흔들어 회개케 하기 위한 것입니다.

그런 의미에서 기도란 하나님의 백성에게 은혜를 끼치기 위해서 하나님께서 사용하시는 수단입니다. 하나님께서 자기 백성에게 거룩한 은혜를 주시기 위한 수단으로 그 백성에게 마음의 염원을 입을 열어 기도하라고 말씀하시는 것입니다. 그러면 사람은 마음의 염원을 말로 발설합니다. 그리고 하나님께서는 그 기도를 수단으로 사용하여 기도한 사람에게 거룩한 은혜를 내리시는 것입니다. 이것이 기도의 참 목적입니다. 사람이 자기 마음의 염원을 아무리 아뢰도 그것이 하나님의 뜻에 어긋나면 결코 주시지 않습니다. 그러므로 기도를 통해서 내가 구한 그것을 얻느냐 얻지 못하느냐 하는 것은 부차적인 일입니다. 근본적이고 핵심적인 것은, 내가 구한 그것을 받느냐 받지 못하느냐가 아니라, 내가 기도를 했다는 그 사실로부터 거룩한 은혜를 받았느냐 받지 않았느냐 입니다. 가장 좋은 예는 사도 바울이 육체의 가시를 제거해주실 것을 세 번 간구한 경우입니다(고후 12:1-10). 이 구절에서 드러나듯이 만약 사도 바울이 육체의 가시를 제거해 주십사 하는 기도를 하지 않았다면 이 중요한 진리를 깨닫지 못했을 것입니다. 기도에 대해 생각할 때에 이것을 가장 먼저 중요한 사실로 확정해야 합니다.

기도의 기본적 요건: 정직성

이 사실로부터 다음 단계로 나아가면서 배워야 하는 진리가 기도는 정직해야 한다는 것입니다. 기도란 마음의 염원을 아뢰는 것이라 했습니다. 하나님께서는 신자가 마음의 염원을 아뢴 그 사실을 사용하여 신자에게 거룩한 은혜를 내리십니다. 그런데 만약 그가 입으로 발설하는 기도가 그의 마음의 염원이 아니라면 그런 기도는 출발부터 아무 효용을 발휘할 수 없는 기도가 되고 맙니다.

산상보훈에서 주님께서는 외식하는 기도에 대해 가르치셨는데, 외식하는 기도는 기도가 되기 위한 기본 요건을 갖추지 못한 기도입니다. 그러므로 그것은 아무 기도의 효용도 발휘하지 못하고 허무하게 사라지고 맙니다. 그래서 주님께서는 이 문제를 매우 무겁게 가르치셨습니다. "5 또 너희는 기도할 때에 외식하는 자와 같이 하지 말라 그들은 사람에게 보이려고 회당과 큰 거리 어귀에 서서 기도하기를 좋아하느니라 내가 진실로 너희에게 이르노니 그들은 자기 상을 이미 받았느니라 6 너는 기도할 때에 네 골방에 들어가 문을 닫고 은밀한 중에 계신 네 아버지께 기도하라 은밀한 중에 보시는 네 아버지께서 갚으시리라"(마 6:5-6). 이 구절은 당시 종교 지도자들의 악습을 지적하신 것입니다. 그들은 기도를 올릴 때에 자기 마음속의 염원을 정직하고 담백하게 아뢰지 않았습니다. 대신 기도를 듣는 사람들을 의식하여 그들에게 어떤 영향을 끼치고자 하는 목적을 거기에 뒤섞었습니다. 더욱이 그 목적이 자기의 종교적 칭찬을 노리는 것이었으니 참으로 천박한 일이었습니다. 그러므로 엄밀하게 말해서 그들의 기도는 하나님께 올리는 기도가 아니라 사람에게 '나의 기도를 듣고 나를 존경해다오'라고 말하는 것이었습니다. 그러면 어리석은 사람들은 그 기도를 듣고 그들을 존경할 것입니다. 그렇게 되면 그들의 목적은 이루어진 것입니다. 즉 그들이 상을 이미 받은 것입니다. 하지만 하나님과는 아무 관계가 없는 기도입니다.

이런 문제를 해결하기 위해 주님께서는 골방에 들어가 아무도 듣지 않는 상태에서 기도하라 하셨습니다. 아무도 듣지 않는 곳이라면 사람은 마음의 염원을 그대로 말할 것입니다. 그러면 하나님께서는 그 기도를 사용하여 그 사람에게 깨달음을 주실 것입니다. 만약 그 염원이 하나님께서 기뻐하시는 것이라면 그 기도에 그대로 응답하십니다. 이렇게 하여 그 사람의 염원이 하나님의 뜻임을 깨닫게 하십니다. 또한 하나님이 살아 계시며 기도를 들으시는 분임을 확신하게 하십니다. 이것이 기도를 통해서 신자가 받는 중요한 은혜입니다. 혹은 사람이 마음에 품은 염원이 부정당하거나 어리석을 수 있습니다. 그러면 하나님께서는 그 기도를 길게 끌고 가시거나 혹은 아니라는 응답을 주심으로 그의 마음의 염원을 고쳐 주십니다. 그렇게 되면 역시 그는 큰 은혜를 받게 됩니다. 이렇게 되어야 비로소 기도의 원래 목적이 이루어지는 것입니다. 이런 일이 발생하기 위한 기본 조건이 정직성입니다. 그러므로 마음의 염원을 정직하게 아뢰는 것이 아닌 기도는 근본적으로 기도로 성립하지 않는다는 것을 기억해야 합니다. 이런 기도의 습관이 들어 면역이 생기면 기도를 통한 어떤 은혜도 받지 못하는 위험한 상태에 떨어집니다. 예수님 당시의 종교 지도자들이 그 위험에서 벗어나지 못하고 멸망을 당한 것이 중요한 실례입니다.

결론

기도란 근본적으로 마음의 염원입니다. 모든 사람은 어떤 염원을 품으므로 신자와 불신자를 막론하고 기도를 합니다. 하지만 모든 사람은 잘못된 기도를 할 수밖에 없는 지경에 이르렀습니다. 이는 사람들의 마음이 타락했고 어두워져서 무엇을 원하고 살아야 하는지를 모르기 때문입니다. 그런 까닭에 기도를 배워야 합니다.

그러므로 어떻게 기도하느냐를 논하기 전에 먼저 무엇을 기도해야 할지를 배워야 합니다. 거기에는 무엇을 기도하지 말아야 하는가에 대한 지식이 포함됩니다. 하나님께서 일반은혜의 영역에서 하시는 일에 대해서는 기도하는 것이 아니라 실천해야 합니다. 이는 일반은혜의 영역의 일에 대해 기도하지 말아야 한다거나 기도할 수 없다는 뜻이 아니라 일반은혜의 영역의 일들에 대해서는 거기에 합당한 기도가 있다는 뜻입니다. 공부를 잘하게 해달라든지, 좋은 대학에 들어가게 해달라든지, 직장에서 승진하게 해달라는 것 등이 기도하지 말아야 하는 일들입니다. 하지만 그 모든 일들이 의롭고 공평하게 되는 사회가 되도록 해달라는 것은 좋은 기도입니다.

기도의 목적은 하나님을 위한 것이 아니라 사람을 위한 것입니다. 하나님은 우리의 기도를 듣고 무엇을 아시는 분이 아니며 우리의 기도에 의해서 뜻을 바꾸시는 분이 아닙니다.

기도가 이렇게 은혜의 수단이 되기 위한 가장 기본적인 조건은 정직해야 한다는 것입니다. 이것이 그렇게도 중요하므로 주님께서는 산상보훈에서 외식하는 기도에 대해서 크게 꾸짖고 경고하셨습니다. 기도는 금식과 선행과 함께 유대교에서 가장 중요한 종교적 활동으로 간주되었습니다. 주님께서는 산상보훈에서 이 세 가지 종교 활동을 예로 들어서 외식의 위험성을 경고하셨습니다. 그러므로 기도에는 일체의 외식 곧 꾸미는 것이 없어야 합니다. 하물며 사람의 귀에 들리기 위한 기도는 혐오스럽습니다. 하나님께 드려야 하는 기도를 사람의 귀에 대고 한다는 것은 말이 안 되는 이야기입니다.

기도 2

1 네가 네 하나님 여호와의 말씀을 삼가 듣고 내가 오늘 네게 명령하는 그의 모든 명령을 지켜 행하면 네 하나님 여호와께서 너를 세계 모든 민족 위에 뛰어나게 하실 것이라 2 네가 네 하나님 여호와의 말씀을 청종하면 이 모든 복이 네게 임하며 네게 이르리니 3 성읍에서도 복을 받고 들에서도 복을 받을 것이며 4 네 몸의 자녀와 네 토지의 소산과 네 짐승의 새끼와 소와 양의 새끼가 복을 받을 것이며 5 네 광주리와 떡 반죽 그릇이 복을 받을 것이며 6 네가 들어와도 복을 받고 나가도 복을 받을 것이니라 7 여호와께서 너를 대적하기 위해 일어난 적군들을 네 앞에서 패하게 하시리라 그들이 한 길로 너를 치러 들어왔으나 네 앞에서 일곱 길로 도망하리라 8 여호와께서 명령하사 네 창고와 네 손으로 하는 모든 일에 복을 내리시고 네 하나님 여호와께서 네게 주시는 땅에서 네게 복을 주실 것이며 9 여호와께서 네게 맹세하신 대로 너를 세워 자기의 성민이 되게 하시리니 이는 네가 네 하나님 여호와의 명령을 지켜 그 길로 행할 것임이니라 10 땅의 모든 백성이 여호와의 이름이 너를 위하여 불리는 것을 보고 너를 두려워하리라 11 여호와께서 네게 주리라고 네 조상들에게 맹세하신 땅에서 네게 복을 주사 네 몸의 소생과 가축의 새끼와 토지의 소산을 많게 하시며 12 여호와께서 너를 위하여 하늘의 아름다운 보고를 여시사 네 땅에 때를 따라 비를 내리시고 네 손으로 하는 모든 일에 복을 주시리니 네가 많은 민족에게 꾸어줄지라도 너는 꾸지 아니할 것이요 13 여호와께서 너를 머리가 되고 꼬리가 되지 않게 하시며 위에만 있고 아래에 있

지 않게 하시리니 오직 너는 내가 오늘 네게 명령하는 네 하나님 여호와의 명령을 듣고 지켜 행하며 14 내가 오늘 너희에게 명령하는 그 말씀을 떠나 좌로나 우로나 치우치지 아니하고 다른 신을 따라 섬기지 아니하면 이와 같으리라 15 네가 만일 네 하나님 여호와의 말씀을 순종하지 아니하여 내가 오늘 네게 명령하는 그의 모든 명령과 규례를 지켜 행하지 아니하면 이 모든 저주가 네게 임하며 네게 이를 것이니 16 네가 성읍에서도 저주를 받으며 들에서도 저주를 받을 것이요 17 또 네 광주리와 떡 반죽 그릇이 저주를 받을 것이요 18 네 몸의 소생과 네 토지의 소산과 네 소와 양의 새끼가 저주를 받을 것이며 19 네가 들어와도 저주를 받고 나가도 저주를 받으리라(신 28:1-19)

서론

앞에서 기도해야 할 것과 하지 말아야 할 것에 대해서 보았습니다. 일반은혜 가운데서 하나님께서 베푸시는 것들은 일반은혜의 법칙을 따라 구해야 한다고 했습니다. 이와 관련하여 과거의 한 경험이 생각납니다. 대학생 때에 선교 단체에서 활동했었습니다. 전도에 불이 붙은 나머지 학교 공부에 쏟을 시간이 없이 모임과 전도에 열중했습니다. 그 때 선교 단체의 지도자 되시는 분이 말하기를, 하나님의 일을 하느라 공부를 못하므로, 짧은 시간 공부하더라도 하나님께서 우리의 집중력을 높여 주셔서 시험에서 좋은 결과를 내도록 기도하라고 했습니다. 지금 생각하면 어이가 없는 말씀인데 당시에는 순진하게도 그것이 옳다고 생각했었습니다. 이런 일들이 다 일반은혜와 특별은혜가 우리에게 어떻게 작용하는지를 혼돈하여 발생하는 현상입니다. 그런데 이런 일은 일반은혜의 영역에서만이 아니라 특별은혜의 영역에도 어느 정도 적용됩니다.

본문 설명

신명기 28장은 복과 저주의 약속으로 잘 알려진 단락입니다. 1-14절은 이스라엘 백성이 하나님의 명령을 순종했을 때 그들에게 임할 복에 대한 선언입니다. 15-68절은 하나님의 말씀을 순종하지 않았을 때 즉 백성이 율법을 지키지 않았을 때 임할 저주에 대한 선언입니다. 이것이 언약의 특징입니다. 순종에는 복이, 불순종에는 저주가 약속됩니다. 복에 대한 약속보다 저주에 대한 약속이 훨씬 긴 것이 인상적입니다. 이것은 인간의 타락한 본성 때문입니다. 만약 사람이 순종에 따라오는 복의 약속만을 듣고 순종할 수 있다면 복의 약속만으로 충분할 것입니다. 그런데 사람은 복의 약속만을 듣고 순종하지 않습니다. 그러므로 거기에 불순종에 대한 경고가 필요합니다. 그런데 분량을 보면 순종에 대한 복의 선언보다 불순종에 대한 경고의 선언이 훨씬 깁니다. 이것은 오늘날 순종의 결과인 복만을 주로 강조하고, 불순종의 결과인 저주에 대해 별로 말하지 않는 많은 설교의 위험성을 보여 줍니다. 사람은 낙관할 수 없는 존재입니다. 이것은 믿는 사람에게도 마찬가지입니다. 신약성경의 기록과 교회사가 그것을 충분히 보여 줍니다.

복을 비는 기도

사람들은 자주 신명기의 이 약속을 근거로 복을 비는 기도를 합니다. 신명기 28장에서 약속된 복이 임하기를 비는 기도를 흔히 들을 수 있습니다. 그런데 여기서 말하는 복을 받기 위해서 기도해야 할까요? 잘 살펴보면 신명기의 이 말씀은 기도 제목으로 주신 것이 아니라 언약으로 주셨습니다. 즉 일정한 조건을 만족시키느냐 만족시키지 않느냐에 따라 어떤 결과가 초래될지를 선언하는 말씀입니다. 너희가 이렇게 하면 이런 결과를 얻을 것이고, 저렇게 하면 저런 결과를 얻을 것이다 하는 선언입니다. 기도하면 복을 받고, 기도하지 않으면 저주를 받으리라고 되어 있지 않습니다. 그러므로 이런 언약 하에서 복을 얻으려면 기도를 할 것이 아니라 복을 받을 수 있는 조건을 만족해야 합니다. 즉 하나님의 말씀을 순종하여 말씀이 정하는 바대로 살아야 합니다. 그런데 그렇게 살지는 않으면서 이런 복을 얻겠다고 기도하는 것은 결국 기도로 순종을 대신하겠다는 생각인데, 이것이 전혀 말이 안되는 이야기임에도 불구하고 하나님의 백성의 역사에서 자주 발견되는 오류입니다.

종교적 행동으로 순종을 대신하지 못함

기도로 순종을 대신하겠다는 이런 무의식적인 생각은 열렬한 종교적인 행동이 순종을 대신할 수 있다는 오해의 결과입니다. 종교적인 활동을 위해 많은 시간을 쏟았으니 하나님께서 초자연적으로 역사하여 시험을 잘 치를 수 있게 해달라는 기도와 원리상 유사합니다.

이것이 얼마나 잘못된 일인지를 잘 보여주는 일화가 사무엘상 15장에 나옵니다. 사울이 기름 부음을 받아 왕이 된 후에 하나님께서 사무엘을 통하여 사울에게 명령을 내리셨습니다. "2 만군의 여호와께서 이같이 말씀하시기를 아말렉이 이스라엘에게 행한 일 곧 애굽에서 나올 때에 길에서 대적한 일로 내가 그들을 벌하노니 3 지금 가서 아말렉을 쳐서 그들의 모든 소유를 남기지 말고 진멸하되 남녀와 소아와 젖먹는 아이와 우양과 낙타와 나귀를 죽이라 하셨나이다"(삼상 15:2-3). 이것이 그 명령입니다. 이 명령에는 역사적 배경이 있습니다.

"17 너희는 애굽에서 나오는 길에 아말렉이 네게 행한 일을 기억하라 18 곧 그들이 너를 길에서 만나 네가 피곤할 때에 네 뒤에 떨어진 약한 자들을 쳤고 하나님을 두려워하지 아니하였느니라 19 그러므로 네 하나님 여호와께서 네게 기업으로 주어 차지하게 하시는 땅에서 네 하나님 여호와께서 사방에 있는 모든 적군으로부터 네게 안식을 주실 때에 너는 천하에서 아말렉에 대한 기억을 지워버리라 너는 잊지 말지니라"(신 25:17-19). 이것이 그 역사적 배경인데, 곧 아말렉의 죄악이었습니다. 첫째는 그들이 하나님을 두려워하지 않았습니다. 출애굽과 광야에서 하나님께서 이스라엘 백성을 위해서 행하신 능력 있는 일들이 이미 널리 알려져 있었습니다. 그러므로 마땅히 아말렉은 하나님을 두려워했어야 합니다. 그런데 그들은 하나님을 두려워하지 않고 겁 없이 하나님과 맞섰습니다. 둘째로, 어떻게 맞섰느냐 하면, 아주 치사한 짓으로 맞섰습니다. 백성이 광야를 행진해 가다 보면 자연히 앞선 자들과 뒤쳐진 자들이 생기게 마련입니다. 노인, 환자, 어린아이들 같은 노약자들, 혹은 백성 중에서 피곤에 지친 사람들이 자연히 뒤쳐지게 됩니다. 이것은 어떠한 행진에서도 늘 발생하는 일입니다. 그러면 앞에 선 사람들은 좀 속도를 늦추기도 하고, 혹은 쉬기도 하면서 기다려야 합니다. 그런데 250만명이나 되는 큰 군중이 행진할 때에는 이런 일이 쉽지 않습니다. 그렇게 되면 뒤에 쳐지는 사람들은 자꾸 뒤쳐지게 되어 있습니다. 그런데 아말렉은 이스라엘의 뒤를 따르면서 이렇게 뒤쳐진 약한 사람들을 쳤던 것입니다. 이게 용사들이 할 일이 아닙니다. 이렇게 약한 자들을 못살게 구는 것을 하나님께서 특히 싫어하십니다. 그런데 아말렉의 행동은 마치, '우리가 이런 치사한 행동을 한다고 해서 하나님이 뭘 할 수 있겠어?' 하고 말하는 듯 합니다. 하나님에 대한 조소가 들리는 듯 합니다. 출애굽기에 보면 아말렉과의 전투에서 이긴 일이 있었는데, 그 전투 후에 하나님께서 이렇게 명령하셨습니다. "14 여호와께서 모세에게 이르시되 이것을 책에 기록하여 기념하게 하고 여호수아의 귀에 외워 들리라 내가 아말렉을 없이하여 천하에서 기억도 못 하게 하리라"(출 17:14). 아말렉에 대한 일을 책에 기록하고 여호수아로 완전히 외우게 하여, 아말렉을 끝까지 따라가서 지상에서 완전히 제거하라고 하셨습니다. 아말렉의 악에 대한 하나님의 의로운 심판을 이스라엘이 이행해야 했던 것입니다.

그러므로 사울이 이 역사적인 일을 몰랐을 리가 없습니다. 또한 사무엘이 사울에게 아말렉에 대한 공격을 명령하면서 그 일을 다시 상기시키기까지 했던 것입니다. 만약 사울이 의로운 사람이었다면 아말렉에 대해 하나님께서 품으셨던 것과 같은 단호한 결심을 품었을 것입니다. 그런데 사울이 어떻게 했습니까? "8 아말렉 사람의 왕 아각을 사로잡고 칼날로 그의 모든 백성을 진멸하였으되 9 사울과 백성이 아각과 그의 양과 소의 가장 좋은 것 또는 기름진 것과 어린 양과 모든 좋은 것을 남기고 진멸하기를 즐겨 아니하고 가치 없고 하찮은 것은 진멸하니라"(삼상 15:8-9). 이 말씀의 뜻은 분명합니다. 좋은 것들이 아까웠던 것입니다. 그래서 사울과 전쟁에 참여한 군사들이 그것을 전리품으로 나눠가지려 했음이 분명합니다.

하나님께서 이 사실을 모르실 리 없습니다. 하나님께서는 사무엘에게 사울을 왕으로 세운 것을 후회한다고 말씀하셨습니다. 그래서 사무엘이 사울에게 찾아가 보니 일이 그 지경이 되어 있었습니다. 왜 그렇게 했느냐는 사무엘의 질책에 대해 사울이 변명이라고 늘어놓는 말이 이러했습니다. "20 사울이 사무엘에게 이르되 나는 실로 여호와의 목소리를 청종하여 여호와께서 보내신 길로 가서 아말렉 왕 아각을 끌어왔고 아말렉 사람들을 진멸하였으나 21 다만 백성이 그 마땅히 멸할 것 중에서 가장 좋은 것으로 길갈에서 당신의 하나님 여호와께 제사하려고 양과 소를 끌어왔나이다"(삼상 15:20-21). 죽이라는 왕을 죽이지 않고 살려두고 있었으며, 완전히 멸하라는 동물들 중에서 좋은 것들은 멸하지 않고 잔뜩 남겨두고서는 하나님께 좋은 제물을 드리려고 그것들을 남겨 두었다고 변명하는 것입니다. 물론 이 말은 거짓입니다. 사울은 이렇게 사무엘이 찾아와서 그 사실을 논하리라고 미처 예상하지 못했던 것입니다. 그러니까 이런 변명을 늘어놓는 것입니다. 하지만 사울의 말이 진심이었다고 하더라도 문제입니다. 곧 종교적 행동으로 순종을 대신하겠다는 생각이었습니다. 사울의 이 변명에 대해 사무엘은 촌철살인의 말로 대답합니다. "22 사무엘이 이르되 여호와께서 번제와 다른 제사를 그의 목소리를 청종하는 것을 좋아하심 같이 좋아하시겠나이까 순종이 제사보다 낫고 듣는 것이 숫양의 기름보다 나으니 23 이는 거역하는 것은 점치는 죄와 같고 완고한 것은 사신 우상에게 절하는 죄와 같음이라 왕이 여호와의 말씀을 버렸으므로 여호와께서도 왕을 버려 왕이 되지 못하게 하셨나이다"(삼상 15:22-23). 종교적인 행동을 아무리 해도 그것이 순종을 대신하지는 못한다는 뜻입니다. 이 사건 이후로 사울은 퇴락의 길로 내려갑니다. 물론 사울에게 회개의 기회는 항상 있었으나 그는 회개하지 않았습니다.

이스라엘이 망할 때의 상태

그런데 이스라엘 백성이 멸망 당할 때에 백성들 사이에 널리 퍼져 있던 오해에 이와 동일한 문제가 숨어 있었습니다. 이사야의 유명한 질책이 그 문제를 지적합니다. "11 여호와께서 말씀하시되 너희의 무수한 제물이 내게 무엇이 유익하뇨 나는 숫양의 번제와 살진 짐승의 기름에 배불렀고 나는 수송아지나 어린 양이나 숫염소의 피를 기뻐하지 아니하노라 12 너희가 내 앞에 보이러 오니 이것을 누가 너희에게 요구하였느냐 내 마당만 밟을 뿐이니라 13 헛된 제물을 다시 가져오지 말라 분향은 내가 가증히 여기는 바요 월삭과 안식일과 대회로 모이는 것도 그러하니 성회와 아울러 악을 행하는 것을 내가 견디지 못하겠노라 14 내 마음이 너희의 월삭과 정한 절기를 싫어하나니 그것이 내게 무거운 짐이라 내가 지기에 곤비하였느니라 15 너희가 손을 펼 때에 내가 내 눈을 너희에게서 가리고 너희가 많이 기도할지라도 내가 듣지 아니하리니 이는 너희의 손에 피가 가득함이라 16 너희는 스스로 씻으며 스스로 깨끗하게 하여 내 목전에서 너희 악한 행실을 버리며 행악을 그치고 17 선행을 배우며 정의를 구하며 학대 받는 자를 도와 주며 고아를 위하여 신원하며 과부를 위하여 변호하라 하셨느리라"(사 1:11-17). 백성은 하나님께서 율법을 통해서 내리신 명령에는 순종하지 않으면서 거창한 종교적 예식에 열중하였습니다. 그렇게 하면 하나님께서 마음이 흡족하여 복을 주시리라 생각한 것입니다. '너희가 많이 기도할지라도 내가 듣지 아니하리니 이는 너희의 손에 피가 가득함이라'는 말씀은 기도가 악행의 값을 대신 할 수 없다는 것을 보여 줍니다. 왜냐하면 원래 기도는 순종의 부족을 채우기 위한 용도로 주어진 것이 아니기 때문입니다.

기도로 얻지 못하는 것들

이 원리는 오늘날 신자가 세상을 살아가기에 필요한 것들을 얻는 일에 있어서도 마찬가지로 적용됩니다. 이교도들은 자기들의 신에게 가서 자기들에게 필요한 것을 달라고 기도합니다. 지성이면 감천이라는 생각에 더욱 공을 들입니다. 그래서 금식도 하고 철야도 하고 하면서 매달립니다. 그렇게 정성을 들이면 자신들의 기도가 조금 더 효력을 발휘하리라는 생각이 은연 중에 있어서 그럴 것입니다. 이런 생각의 연장선에서, 짧게 기도하는 것보다는 길게 기도하는 것이 더 효과가 있으리라는 생각에 중언부언하면서 길게 기도합니다. 그러나 주님께서 제자들에게는 그렇게 기도하지 말라고 말씀하셨습니다. 도리어 그런 기도와 그런 기도를 만들어내는 사상은 이교적이라고 가르치셨습니다.

그럼 신자가 이 세상에서 생존을 위해 필요한 것을 하나님에게서 얻기 위해서 무엇을 해야 할까요? 성경은 '먼저 그의 나라와 그의 의를 구하라'고 했습니다. 그러면 이 모든 것을 너희에게 더하리라고 했습니다. 하나님께서는 자기 백성의 생존을 위한 필요를 공급하십니다. 그런데 그것을 얻기 위해서 기도하면 그것에 대한 응답으로 주겠다고 하시지 않았습니다. 먼저 그의 나라와 그의 의를 구하면 주시겠다고 하셨습니다. 만약 어떤 사람이 그의 나라와 그의 의를 구하지 않고 기도하면 어떻게 됩니까? 하나님께서는 그런 기도에 대한 응답으로 생활의 필요를 채워주시지는 않습니다. 어떤 사람은 기도의 응답으로 받았다고 하지만, 그것은 착각입니다. 왜냐하면 그가 그것을 기도하지 않았더라도 받을 수 있었기 때문입니다.

어떤 설교자가 기도와 관련하여 흥미 있는 예를 든 것이 있습니다. 요즘 우리나라가 가뭄으로 어려움을 겪고 있는데, 과거 농사를 주로 하던 우리나라에서 가뭄은 언제나 문제였습니다. 그런데 한참 가물었을 때 신자들이 교회당에 모여서 비를 달라고 기도했습니다. 그런데 얼마 후에 비가 왔습니다. 그러면 그것이 과연 기도의 응답일까요? 만약 기도하지 않았다면 비가 오지 않았을까요? 이런 질문이 생기는 것은, 기도하지 않은 옆집 불신자의 논에도 비가 왔기 때문입니다. 그럼 신자에게는 그것이 기도의 응답이고, 불신자에게는 그것이 자연의 과정의 일부일까요? 그런데 많은 경우에는 신자가 기도해도 비가 오지 않습니다. 그러니까 결국 기도를 하든 하지 않든 올 비는 오고, 오지 않을 비는 안 온다는 결론이 훨씬 합리적입니다. 가뭄이 들었을 때 비를 구하는 사람들은 엘리야가 기도하여 비가 온 이야기를 잘 가져다 붙이는데, 그게 견강부회에 불과한 것입니다. 자기가 엘리야입니까? 자기가 갈멜산에서 이방 선지자들과 싸우고 있습니까? 그러므로 하나님의 나라와 그 의를 가장 먼저 구하지 않는 사람이 무엇을 달라고 기도를 했더니 기도한 내용이 이루어졌다 하더라도 그것은 기도의 응답이 아닙니다. 그가 기도하지 않았다 하더라도 그것은 그대로 되는 것입니다.

그러므로 여기서 이런 원칙을 배울 수 있습니다. 하나님께서 언약으로 내려주신 조항은 언약 순종 이외의 다른 무엇으로 대신하지 못합니다. 그것은 오직 순종으로만 효과를 발휘합니다. 아무리 기도를 많이 하고, 아무리 제물을 많이 드리고, 아무리 찬송을 크게 불러도 그것이 하나님의 법에 대한 순종을 대신하지 못합니다. 명심할 일입니다. 그러므로 하나님으로부터 복을 받으려는 사람은 복을 달라고 기도할 것이 아니라 언약의 조건을 따라 순종해야 합니다. 또한 세상살이에 필요한 것들을 하나님에게서 공급 받아 아무 불안이 없이 살려면 기도할 것이 아니라 먼저 그의 나라와 그의 의를 구해야 합니다. 그것이 신자를 향한 하나님의 언약의 조건입니다. 이 조건을 만족시키지 않으면서 기도를 통해서 그런 것들을 얻겠다는 생각은 하나님의 말씀에 대한 오해에서 기인한 것입니다. 거기에는 순종을 종교활동으로 대체하겠다는 그릇된 생각이 숨어 있습니다.

기도가 말씀을 대신하지 못함

이 동일한 원리가 하나님의 말씀 공부를 기도로 대체하지 못한다는 사실에도 적용됩니다. 하나님의 말씀은 언어로 되어 있습니다. 언어는 의미를 가지고 있습니다. 의미를 깨닫지 못하면 말은 아무 소용이 없습니다. 그러므로 하나님 말씀의 뜻을 깨닫지 못하면 그 말씀이 나에게 아무 효용을 발휘하지 못합니다. 그런데 글을 이해하려면 우선 그것을 읽고, 글을 이해하기 위해서 필요한 지적 정신적 노력을 기울여야 합니다. 그렇지 않으면 글의 뜻을 알지 못합니다. 이것은 성경을 배우는 일에서도 마찬가지입니다. 언어로 표현된 내용을 깨닫기 위한 지적 노력을 기울이는 것이 하나님의 말씀을 깨닫기 위한 필요조건입니다. 충분조건까지 되지는 않습니다. 이 필요조건을 기도로 채우지 못합니다. 아무리 많이 기도해도 하나님의 말씀을 배워서 알지 못하면 말씀에 대해 무지한 상태로 남게 되고, 그렇게 되면 하나님의 거룩한 은혜가 주어질 수 없습니다. 논어에 '사이불학즉태(思而不學則殆)'라는 말이 있습니다. 생각만 하고 배우지 않으면 위험하다는 뜻입니다. 이것이 기도만 하고 말씀을 배우지 않는 신자들에게도 거의 그대로 적용됩니다. 그런 기도파들이 자주 교회에서는 문제를 일으키고 이단에 빠지기도 합니다.

기도의 효용

그럼 도대체 기도는 왜 있는가? 말씀을 공부하고 순종만 하면 기도는 하지 않아도 되는가 하는 질문이 생깁니다. 만약 그렇다면 성경에 그렇게 많이 등장하는 기도의 실례들과 기도하라는 권면은 다 무엇인가 하는 의문이 듭니다. 그러므로 기도가 왜 필요한지에 대해 보겠습니다. 먼저 말씀과 관련하여 보면, 앞에서 하나님의 말씀을 공부하는 것이 거룩한 은혜를 받기 위한 필요조건은 되지만 충분조건은 되지 않는다고 했습니다. 즉 하나님의 말씀을 공부하지 않으면 거룩한 은혜를 받지 못하지만, 그렇다고 말씀을 공부하기만 하면 반드시 거룩한 은혜를 받는 것은 아닙니다. 그러니까 말씀 공부는 사람이 지적인 노력으로 할 수 있습니다. 하지만 말씀이 사람에게 거룩한 은혜를 끼치는 것은 사람의 힘으로 할 수 없습니다. 이 사실을 설교자는 늘 경험합니다. 설교자는 하나님의 말씀을 연구하여 선포할 수는 있습니다. 그러나 말씀이 청중의 마음에 적용되어 은혜를 끼치는 것은 설교자의 능력 밖의 일입니다. 이 사실이 설교자에게는 안타까움을 일으킵니다. 자기 마음 같아서는 말씀을 청중의 마음에 적용하여 은혜를 받게 하고 싶지만 그렇게 되지 않습니다. 그러므로 설교자는 자기가 할 수 없는 일에 대한 염원을 품게 됩니다. 그래서 하나님께서 말씀을 사용하여 청중에게 은혜 내리시기를 기도하는 것입니다. 이것이 하나님의 말씀과 관련하여 신자가 기도하지 않을 수 없는 이유입니다.

이것은 개인이 성경을 읽고 공부하는 일에 있어서도 마찬가지입니다. 자기가 아무리 많은 시간을 들이고 열심히 성경을 공부한다고 하더라도 사람의 노력은 거기까지입니다. 그 말씀이 자기 영혼에 적용되어 신앙이 성장하고 거룩한 은혜를 받는 것은 하나님의 일입니다. 그 앞에서 신자는 철저한 무능력을 느낍니다. 거룩한 은혜에 대한 갈구가 있어서 하나님의 말씀을 열심히 공부하기는 했지만 하나님께서 역사하지 않으시면 모두가 허사입니다. 그래서 신자는 하나님의 자비를 구하며 하나님께서 그 말씀을 은혜의 방도로 사용하여 거룩한 은혜를 내려주시기를 간절히 구하지 않을 수 없습니다. 그러면 하나님께서는 그 기도에 응답하여 거룩한 은혜를 주십니다. 왜 이렇게 하실까요? 우리가 기도하지 않아도 성경을 읽기만 하면 그 뜻이 깨달아지고 은혜를 받도록 하신다면 더 좋을 것 같은데 하나님은 그렇게 하지 않으십니다. 이는 우리를 하나님께로 이끄시며, 우리의 연약을 깨닫게 하시고, 우리로 항상 하나님을 의지하게 하려고 그렇게 하시는 것입니다. 하나님께서는 신자로 하여금 이렇게 기도하게 하시고 그 기도에 응답하시는 방식으로 신자의 믿음을 성장시키십니다.

말씀 공부와 관련하여 기도할 내용은 얼마든지 있습니다. 우선 하나님께서 자신의 주변 환경과 그 사회를 지켜 주셔서 하나님의 말씀 공부에 전념할 수 있게 해 주실 것을 기도해야 합니다. 아무리 말씀을 공부하고 싶어도 생활이 척박해지고, 사회가 살벌해지며, 박해가 심해지면 그것이 힘들 수밖에 없습니다. 물론 그런 상황에 처해지더라도 말씀 공부를 게을리할 수는 없습니다. 하지만 우리가 연약하기 때문에 그런 상황이 되면 말씀 공부가 더 어려워질 수 있습니다. 그러므로 우리의 연약을 돌아보서서 좋은 환경을 만들어 주실 것을 기도해야 합니다. "1 그러므로 내가 첫째로 권하노니 모든 사람을 위하여 간구와 기도와 도고와 감사를 하되 2 임금들과 높은 지위에 있는 모든 사람을 위하여 하라 이는 우리가 모든 경건과 단정함으로 고요하고 평안한 생활을 하려 함이라 3 이것이 우리 구주 하나님 앞에 선하고 받으실 만한 것이니 4 하나님은 모든 사람이 구원을 받으며 진리를 아는 데에 이르기를 원하시느니라"(딤전 2:1-4).

세상의 것들에 대한 기도

앞에서 복을 받으려면 기도할 것이 아니라 순종해야 한다고 했습니다. 또한 우리에게 필요한 것을 얻기 위해서 기도할 것이 아니라 그의 나라와 그의 의를 먼저 구해야 한다고 했습니다. 그렇다면 이 일에 대해서는 기도할 것이 없을까요? 순종을 하고 그 대가로 필요한 것을 받기만 하면 될까요? 그렇지 않습니다. 거기에 기도할 것이 풍부하게 있습니다.

복을 받기 위해서 율법을 순종하려 할 때 가장 먼저 직면하는 현실은 우리가 스스로의 힘으로 부패를 극복하고 하나님의 말씀을 순종할 영적 도덕적 능력이 없다는 사실입니다. 이런 사실은 하나님의 언약을 순종하려고 할 때에 비로소 깨닫게 됩니다. 복을 받겠다는 생각에만 집중하여 복을 달라고 기도만 해서는 그런 인식에 도달하기 어렵습니다. 사람이 이렇게 자신의 도덕적 무능력과 부패의 현실에 직면하는 것은 매우 중요하고도 유익한 일입니다. 사실 율법의 중요한 기능의 하나가 그것을 깨닫게 하는 것입니다. 이런 깨달음이 필요한 이유 중의 하나는 그것이 신자에게 겸손을 훈련시키기 때문입니다. 이렇게 자신의 무능력을 느낄 때에 신자는 기도하게 됩니다. 즉 복을 달라고 기도하는 것이 아니라 순종할 능력을 달라고 기도하는 것입니다. 이렇게 기도하는 동안 사람은 자연히 왜 순종하지 못하는지, 순종하려면 어떻게 해야 하는지에 대해 생각하고 배우게 됩니다. 이런 과정을 통하여 신자는 율법을 순종하는 길에서 점점 장성하게 됩니다. 이렇게 되어 기도가 거룩한 은혜를 주는 수단으로 사용되는 것입니다.

이것은 먼저 그의 나라와 그의 의를 구하는 일에 있어서도 마찬가지입니다. 첫째는 과연 나의 생활이 그런 원칙 위에 서있느냐 하는 것을 반성해야 합니다. 그러면 거기에 너무나 많은 부족이 발견됩니다. 그렇게 되면 우리는 세상 것에 대한 일체의 욕심을 버리고 그 경지에 들게 해 주실 것을 하나님께 간구하게 됩니다. 그러는 가운데 자연히 먼저 그의 나라와 그의 의를 구한다는 것이 어떻게 하는 것인지에 대해 배우게 되고 점점 그런 경지로 들어가게 됩니다. 거기에 기도가 중요한 역할을 하는 것입니다.

나아가서 설사 자기가 스스로 생각해볼 때 자기는 정말로 먼저 그의 나라와 그의 의를 구하는 생활을 하는 것 같은 생각이 든다고 가정해 보십시다. 그럴지라도 하나님께서 그 모든 것을 우리에게 더하시는 것이 우리가 권리로 주장할 수 있는 것이 아님을 알아야 합니다. 하나님께서 무한히 자신을 낮춰서 우리와 언약을 하심으로 스스로를 어떤 조건에 매기는 하셨지만 그 자체가 벌써 무한한 은혜라는 사실에 생각이 미치면, 내가 먼저 그의 나라와 그의 의를 구했으니 이제 다 주십시오 하는 식의 기도를 하지 못합니다. 주께서는 자신의 언약에 충실하시므로, 만약 우리가 먼저 그의 나라와 그 의를 구하면 그 모든 것을 주실 것이 분명하지만, 그것이 우리의 권리가 아니라 우리를 향한 자비라는 사실에 생각이 미칩니다. 그러면 모든 것을 주실 것을 확실히 믿지만 설사 거룩한 섭리 가운데 주시지 않는다 하더라도 그것이 궁극적으로 우리를 위한 것이므로 흔들리지 않고 주님을 섬겨 나가게 해 주실 것을 기도하게 됩니다. "17 비록 무화과나무가 무성하지 못하며 포도나무에 열매가 없으며 감람나무에 소출이 없으며 밭에 먹을 것이 없으며 우리에 양이 없으며 외양간에 소가 없을지라도 18 나는 여호와로 말미암아 즐거워하며 나의 구원의 하나님으로 말미암아 기뻐하리로다"(합 3:17). 이것이 훌륭한 기도의 경지입니다.

결론

일반은혜 속에서 사는 신자는 하나님께서 그 영역에 적용하시는 규칙을 순종해야 합니다. 지식을 얻으려면 기도할 것이 아니라 공부를 해야 하고, 숙련된 기능을 익히려면 기도할 것이 아니라 반복 연습을 해야 합니다. 건강한 몸을 위해서는 기도할 것이 아니라 건강한 생활 습관을 길러야 합니다. 동시에 이런 규칙 자체가 하나님의 일반 은혜인 것을 알고 하나님을 의지하는 마음으로 그런 일을 해야 합니다. 그런데 이런 원리는 특별은혜에도 어느 정도 적용됩니다. 신명기에 기록된 복을 받으려면 율법을 순종해야 하고, 이 세상에서 사는 동안 필요한 모든 것을 얻으려면 먼저 그의 나라와 그 의를 구해야 합니다. 이것을 기도로 대신할 수는 없습니다. 이것은 하나님의 말씀을 연구하여 은혜를 받는 일에도 적용됩니다. 하지만 거룩한 은혜를 받는 일은 단순히 지식을 쌓는다고 되지 않습니다. 거기에 인간의 무능력이 있습니다. 그 무능력 앞에서 신자는 간절히 기도하지 않을 수 없습니다. 이 동일한 원리로 세상살이에 관한 문제에서도 역시 신자는 간절히 기도하게 됩니다. 우리가 사는 역사 현실은 우리 힘으로 되지 않습니다. 오직 하나님께서 자비로 지켜주셔야 합니다. 또한 하나님께서는 우리에게 모든 것을 더하시지만, 그것이 반드시 내가 원하는 방식으로 되지는 않습니다. 그럴 때에 우리는 연약하므로 순종할 수 있는 힘을 달라고 기도해야 합니다. 이런 기도가 기도의 원래 목적을 이루는 기도입니다.

기도 3

1 예수께서 한 곳에서 기도하시고 마치시매 제자 중 하나가 여짜오되 주여 요한이 자기 제자들에게 기도를 가르친 것과 같이 우리에게도 가르쳐 주옵소서 2 예수께서 이르시되 너희는 기도할 때에 이렇게 하라 아버지여 이름이 거룩히 여김을 받으시오며 나라가 임하옵시며 3 우리에게 날마다 일용할 양식을 주시옵고 4 우리가 우리에게 죄 지은 모든 사람을 용서하오니 우리 죄도 사하여 주시옵고 우리를 시험에 들게 하지 마옵소서 하라 5 또 이르시되 너희 중에 누가 벗이 있는데 밤중에 그에게 가서 말하기를 벗이여 떡 세 덩이를 내게 꾸어달라 6 내 벗이 여행 중에 내게 왔으나 내가 먹일 것이 없노라 하면 7 그가 안에서 대답하여 이르되 나를 괴롭게 하지 말라 문이 이미 닫혔고 아이들이 나와 함께 침실에 누웠으니 일어나 네게 줄 수가 없노라 하겠느냐 8 내가 너희에게 말하노니 비록 벗됨으로 인하여서는 일어나 주지 아니할지라도 그 간청함을 인하여 일어나 그 요구대로 주리라 9 내가 또 너희에게 이르노니 구하라 그러면 너희에게 주실 것이요 찾으라 그러면 찾아낼 것이요 문을 두드리라 그러면 너희에게 열릴 것이니 10 구하는 이마다 받을 것이요 찾는 이는 찾아낼 것이요 두드리는 이에게는 열릴 것이니라 11 너희 중에 아버지된 자로서 누가 아들이 생선을 달라 하는데 생선 대신에 뱀을 주며 12 알을 달라 하는데 전갈을 주겠느냐 13 너희가 악할지라도 좋은 것을 자식에게 줄 줄 알거든 하물며 너희 하늘 아버지께서 구하는 자에게 성령을 주시지 않겠느냐 하시니라 (눅 11:1-13)

서론

기도는 하나님께서 자기 백성에게 거룩한 은혜를 내리시기 위해 사용하시는 방도입니다. 우리 모두는 죄인이고 마음이 어두워진 사람들이어서 스스로의 힘으로 하나님을 찾을 수 없습니다. 또한 하늘의 신령한 은혜를 자기 힘으로 얻어 내지도 못합니다. 오직 하나님께서 크신 자비로 은혜를 내려 주셔야 합니다.

그런데 하나님께서는 거룩한 은혜를 내려주실 때에 무질서하게 내려주시는 것이 아니라 일정한 방도를 사용하여 내려 주십니다. 하나님의 말씀이 가장 근본적이요 중심적인 은혜의 방도입니다. 기도도 은혜의 방도이기는 하지만 그것이 말씀의 근거 위에 있어야 한다는 의미에서 보면 하나님의 말씀이 가장 근본적인 은혜의 방도인 것이 사실입니다. 그러므로 기도를 통해서 하늘의 신령하고 복된 풍부한 은혜를 받으려면 말씀의 가르침을 따라서 기도해야 합니다.

기도에 대해 배우기 위해서 성경에 등장하는 많은 기도들을 살펴보는 것이 좋은 방법입니다. 그렇게 할 때에 성경의 모든 기도가 오늘날 신자들에게 직접 모범이 되는 것은 아니라는 점을 기억해야 합니다. 성경에서 어떤 사람이 어떤 방식으로 기도했다고 해서 그것이 곧 모든 시대의 모든 신자가 따라야 하는 모범은 아닙니다. 이는 마치 성경의 모든 교훈과 법규가 모든 시대에 그대로 적용되지 않는 것과 같습니다. 예를 들면, 모세 율법의 많은 규정들은 오늘날 그대로 적용되지는 않습니다. 이와 같이 기도에 있어서도 어떤 기도가 성경에 등장한다고 해서 그것이 그대로 오늘날의 신자들이 따라야 할 모범은 아닙니다. 이런 문제들을 주의해야 합니다. 도리어 충만한 계시가 주어진 오늘날에는 그 모든 기도의 경우들과 기도에 대한 가르침들을 종합하여 더욱 온전한 이해에 도달해야 합니다.

기도에 관한 가장 완전한 교훈은 주님께서 가르치신 기도입니다. 그 기도에서 비로소 구약과 신약에 걸쳐서 드려졌던 많은 기도들의 부족함이 극복되고 참되고 완전한 기도가 무엇인지가 드러났습니다. 그러므로 기도에 대한 공부에서 주님께서 가르치신 기도를 자세히 살피는 것이 필수적입니다. 하지만 그 이전에 먼저 기도에 대해 널리 퍼진 오해를 살펴보고 바로 잡는 것이 또한 필요합니다.

기도의 심각성

앞에서 기도의 정직성 곧 기도의 진정성에 대해 보았는데, 이번에는 기도의 심각성에 대해서 보겠습니다. 사실 심각성은 진정성과 깊이 연결되어 있습니다. 사람은 자기의 마음속 깊은 염원을 아무에게나 말하지 않으며, 그것을 함부로 말하지도 않습니다. 어떤 사람은 그것을 결코 입에 올리지도 않고 끝까지 혼자 품기도 합니다. 그만큼 마음속 깊은 염원은 심각한 것입니다.

하지만 기도가 심각한 일이 되는 것은 기도가 마음 깊은 염원이기 때문만은 아닙니다. 사람은 무가치하고 어리석은 염원을 심각하게 품기도 하기 때문입니다. 그것보다도 더욱 기도를 심각하게 만드는 것은 기도가 직접 하나님을 대상으로 하는 일이라는 사실입니다. 마음의 염원을 언어로 형성하여 기도할 때에 우리는 지극히 높으신 하나님, 천지의 창조주요 대 주재인 하나님을 향하여 무엇인가를 말하는 셈입니다. 그래서 기도한다는 것은 참으로 심각한 일입니다.

신학대학을 다닐 때에 이와 관련하여 지금도 기억나는 유감스러운 일이 있었습니다. 1970년대 중반의 일이었습니다. 오전 채플에서 설교가 끝나자 사회자가 통성 기도를 제안했습니다. 당시에는 흔한 일이었습니다. 그래서 채플 참석자들이 전부 통성으로 기도했습니다. 통성 기도가 끝나자 당시 신학대학 교수였던 사회자는 '마음이 후련하지요? 통성 기도는 스트레스를 푸는 데 좋습니다'라고 말하는 것이었습니다. 귀를 의심하지 않을 수 없는 말이었습니다.

말을 듣는 대상이 누구냐에 따라서 말의 심각성에 차이가 있는 것은 부인할 수 없습니다. 자녀에게 말할 때와, 친구에게 말할 때, 스승에게 말할 때와 왕에게 말할 때에 심각성의 정도가 다릅니다. 그에 따라서 말을 준비하는 데에 마음을 쓰는 정도도 다릅니다.

왕에게 말하려는 사람은 자연히 많은 준비를 하지 않을 수 없습니다. 우선 말하려는 내용이 심각해야 합니다. 자기 집 강아지가 병이 든 문제를 가지고 왕에게 나아가지는 않습니다. 적어도 왕에게 나아갈 때에는 왕이 다스리는 나라와 관련된 어떤 주제 혹은 문제를 가지고 나아가야 합니다. 설사 개인적인 일을 호소한다고 하더라도 그것이 공의와 관련된 무거운 일이어야 합니다. 어떤 사람이 자기의 기분을 상하게 했다는 정도의 이야기를 가지고 왕에게 나아갈 수는 없습니다. 왕을 알현한다는 것은 그만큼 무겁고 심각한 일입니다. 그러므로 그만한 무게가 있는 주제를 적절하게 말씀 드리기 위한 준비를 해야 합니다. 인간 세상에서 왕에게 나아가 무엇인가를 구하는 것이 이렇게도 무거운 일이라면 하나님께 나아가 무엇인가를 말씀 드린다는 것이 얼마나 무거운 일인지 상상할 수 있습니다.

물론 신자와 하나님의 관계는 인간 세상의 왕과 백성 사이의 관계와 완전히 같지는 않습니다. 신앙에는 장성한 사람과 어린아이가 있어서 그들이 하나님께 나아갈 때 동일한 정도의 깨달음을 가지고 나가는 것도 아닙니다. 어린아이들이라면 자기의 깨진 장난감을 고쳐 달라고 기도할 수 있습니다. 그러면 하나님께서는 그 어린아이를 야단치시는 것이 아니라 그 아이에게 가장 합당하게 응답하십니다. 하나님께서는 각 사람의 처지와 신앙의 정도를 다 아시므로 그에 가장 적합한 은혜를 내리십니다.

하지만 그렇다고 해서 오래 믿은 신자가 항상 어린아이 같이 기도하는 것이 좋은 일은 아닙니다. "12 때가 오래되었으므로 너희가 마땅히 선생이 되었을 터인데 너희가 다시 하나님의 말씀의 초보에 대하여 누구에게 가르침을 받아야 할 처지이니 단단한 음식은 못 먹고 젖이나 먹어야 할 자가 되었도다 13 이는 젖을 먹는 자마다 어린 아이니 의의 말씀을 경험하지 못한 자요 14 단단한 음식은 장성한 자의 것이니 그들은 지각을 사용하므로 연단을 받아 선악을 분별하는 자들이니라 1 그러므로 우리가 그리스도의 도의 초보를 버리고 죽은 행실을 회개함과 하나님께 대한 신앙과 2 세례들과 안수와 죽은 자의 부활과 영원한 심판에 관한 교훈의 터를 다시 닦지 말고 완전한 데로 나아갈지니라"(히 5:12-6:2). 히브리서의 이 구절은 히브리서 저자가 수신인들의 신앙의 미성숙을 꾸짖는 내용입니다. 오래 믿었다면 당연히 신앙이 성숙하여 단단한 음식을 먹고 선생이 되어야 합니다. 그런데 그러지 못하고 만년 어린아이로 있는 것은 절대로 좋은 일이 아닙니다. 이것은 기도에 있어서도 마찬가지입니다. 신앙의 연조가 짧고 깨달음이 없을 때에는 무얼 구해야 할지 알지도 못하고 어린아이처럼 이것저것 마구 구했다 하더라도 신앙이 장성함에 따라 기도의 내용이

나 구하는 것도 그에 따라 장성해야 합니다. 이런 장성에서 깨달아야 하는 한 가지 진리가 기도란 심각한 일이라는 사실입니다.

앞에서 기도하지 말아야 할 것에 대해 보았습니다. 기도를 하기 전에 그것이 기도할 내용인가 아닌가를 먼저 생각해야 하는 것은 바로 기도가 이렇게 심각한 일이기 때문입니다. 아무 생각 없이, 마음에 솟아오르는 소원을 무조건 하나님께 구하는 것은 절대로 좋은 기도의 태도가 아닙니다. 우리는 타락한 사람이므로 마음의 소원 역시 타락해 있습니다. 그러므로 참된 기도는 기도의 준비에서부터 시작합니다. 과연 이것이 기도할 내용인가? 이것을 기도하는 내 마음이 하나님 앞에 정당한가 하는 것부터 먼저 생각해야 합니다. 사실 이렇게 기도를 준비하는 것이 기도를 통해서 거룩한 은혜를 받기 위한 중요한 과정이기도 합니다.

끈질긴 기도에 대한 가르침

기도가 이렇게 마음의 염원을 담고 있고 천지의 주재이신 하나님께 아뢸 만큼 심각한 일이라면 기도를 한번 하고 마는 일은 없을 것입니다. 그것이 하나님께서도 관심을 기울이실 만큼 심각한 일이라면 반드시 이뤄져야 할 것이고, 그렇다면 기도자는 끈질기게 기도하지 않을 수 없습니다. 한번 기도해 보고 안되면 만다든지, 기도를 하고서는 기도한 사실까지 다 망각하는 기도라면 거기에 아무런 진정성도 심각성도 없는 기도입니다. 자기에게도 심각하지 않은 문제를 하나님께 들고 나가서 이뤄 달라고 요구하는 것은 하나님을 가볍게 여기는 큰 잘못입니다.

그래서 주님께서는 기도는 끈질기게 해야 한다는 것을 가르치셨습니다. 본문은 기도에 대한 가르침으로, 전체를 하나의 단위로 다뤄야 합니다. 1-4절은 요한이 자기 제자들에게 기도를 가르쳐준 것처럼 자기들에게도 기도를 가르쳐 달라는 제자들의 요구에 대해 주님께서 기도를 가르쳐 주신 이야기입니다. 이 기도문의 더욱 완전한 형태는 마태복음 6장에 있습니다. 이렇게 기도를 가르치신 후에 주님께서는 5-8절에서 한 사람이 밤에 자기의 친구에게 떡을 빌리러 찾아간 비유를 베푸셨습니다. 강청하는 기도의 비유입니다. 그리고는 이 비유를 근거로 9-10절에서는 찾고 문을 두드리고 구하면 결국은 구한 것을 받으리라고 약속하셨습니다. 그리고는 11-13절에서는 성신을 구하는 이는 다 받으리라고 약속하셨습니다.

  이 단락을 개략적으로 살펴보더라도 이것이 무엇을 가르치는지 분명합니다. 주님께서는 먼저 제자들이 어떤 기도를 하면서 살아야 하는지를 가르치셨습니다. 우리가 주기도문이라고 알고 있는 기도입니다. 동시에 주님께서는 제자들이 이 기도를 하는 동안 기도의 응답이 더딤으로 인해 쉽게 좌절하고 포기하기가 쉬울 것임을 아셨습니다. 그래서 강청하는 비유를 들어서 제자들에게 힘을 주셨습니다. 잠자리에 든 친구에게 밤에 떡을 빌려 달라고 구하면 당연히 그 친구는 귀찮아 할 것입니다. 하지만 지치지 않고 강청하면 결국은 귀찮은 문제를 빨리 해결하려는 마음에서라도 줄 것이라고 말씀하셨습니다. 이와 같이 주님의 제자들도 지치지 않고 받을 때까지 기도해야 한다고 하셨습니다. 그렇게 하면 구하는 것을 반드시 받을 것입니다. 그러면 최후로 무엇을 위해서 그렇게 강청하는 기도를 해야 할까요? 바로 성신을 받기 위해서 그렇게 기도해야 합니다. 다시 말하면 주님께서 가르치신 기도의 내용을 이루고자 하는 것이 주님의 제자의 진정한 마음의 소원이 되어야 하며, 그렇게 된 사람은 그것이 이루어질 때까지 지치지 않고 기도해야 합니다. 그런데 주님께서 가르쳐 주신 기도가 우리를 통해서 성취되기 위한 최후의 조건은 성신을 받는 것입니다. 그러므로 모든 기도는 성신을 받는 기도로 수렴되어야 하고, 강청하는 친구와 같은 간절하고 끈질긴 자세로 계속 기도하면 그 기도는 반드시 성취되리라는 것입니다.

이 가르침은 우선 신자의 마음의 진정한 염원이 무엇이 되어야 하는지를 가르칩니다. 그것은 하나님의 이름이 거룩히 여김을 받고, 그 나라가 임하며, 우리에게 일용할 양식이 주어짐으로 우리가 살아서 그 일을 위하여 힘쓰는 것입니다. 또한 그 나라의 가장 현저한 성격이 죄를 용서받고 용서하는 것임을 보여 줍니다. 이것이 신자의 진정한 마음의 소원이 되어 신자는 낮이나 밤이나 이것을 구해야 합니다. 신자의 기도에 응답하셔서 이 모든 일들을 성취하시는 분이 성신입니다.

이것은 모든 신자가 품어야 하는 염원이며, 이런 기도는 하나님께 올리기에 합당한 기도입니다. 그러므로 이렇게 기도하는 사람은 진정성과 심각성을 가지고 끈질기게 기도하지 않을 수 없습니다. 하나님께서는 이런 기도를 기뻐하시고 반드시 응답하십니다. 이렇게 기도하는 사람에게 하늘의 신령한 은혜를 더욱 풍성히 내리시며 그를 사용하여 이 땅에서 하나님의 나라를 증거하십니다. 이와 같이 이 단락에서 우리는 이상적인 기도의 내용과 방법을 배울 수 있습니다. 이 구절을 근거로 하나님을 조르고 조르면 마침내 원하는 것을 얻을 수 있다고 가르친다면 성경의 본의에서 벗어나도 너무나 멀리 벗어난 해석입니다.

불의한 재판관의 비유

그런데 끈질긴 기도의 필요성을 보여주는 또 다른 비유가 있습니다. "1 예수께서 그들에게 항상 기도하고 낙망하지 말아야 할 것을 비유로 말씀하여 2 이르시되 어떤 도시에 하나님을 두려워하지 않고 사람을 무시하는 한 재판장이 있는데 3 그 도시에 한 과부가 있어 자주 그에게 가서 내 원수에 대한 나의 원한을 풀어 주소서 하되 4 그가 얼마 동안 듣지 아니하다가 후에 속으로 생각하되 내가 하나님을 두려워하지 않고 사람을 무시하나 5 이 과부가 나를 번거롭게 하니 내가 그 원한을 풀어 주리라 그렇지 않으면 늘 와서 나를 괴롭게 하리라 하였느니라 6 주께서 또 이르시되 불의한 재판장이 말한 것을 들으라 7 하물며 하나님께서 그 밤낮 부르짖는 택하신 자들의 원한을 풀어 주지 아니하시겠느냐 그들에게 오래 참으시겠느냐 8 내가 너희에게 이르노니 속히 그 원한을 풀어 주시리라 그러나 인자가 올 때에 세상에서 믿음을 보겠느냐 하시니라"(눅 18:1-8).

이 비유는 하나님께 간절히 매달리면 반드시 기도를 이뤄주신다는 교훈이라고 자주 가르쳐왔습니다. 그래서 많은 사람들은 이 가르침에 매달려서 기도했습니다. 새벽에도 기도하고, 철야하면서도 기도하고, 금식하면서도 기도하였습니다. 자기에게 이루어지기 원하는 간절한 문제가 있을 때, 즉 질병의 치료나 사업의 성공이나 자녀의 대학입학을 위해서 그렇게 기도했습니다. 어떤 기독교 사역자들은 자기 사역의 성공을 위해서 기도했습니다. 기도원에 그렇게 기도하는 사람들이 많았는데, 그 때 회자되던 말이 기도 응답을 받으려면 나무 뿌리 하나는 뽑아야 한다는 말이었습니다. 그렇게도 끈질기고 간절하게 기도하면 자기가 구하는 것을 반드시 받을 수 있다는 것이었습니다. 불의한 재판관도 끈질긴 요구에 못이겨서 과부의 청을 들어 주었듯이 하나님께서도 나중에는 귀찮아서라도 들어줄 것이라는 생각이었습니다.

과연 그럴까요? 이 문제와 관련하여 두 가지 사실을 먼저 주목해야 합니다. 곧 기도자의 위치가 정당해야 기도가 기도로 성립한다는 사실입니다. 기도란 사람이 하나님께 나아가 무엇인가를 아뢰는 행위입니다. 이런 기도가 성립하기 위해서는 기도하는 사람의 위치가 어떤 조건들을 만족해야 합니다. 그렇게 되어야 그의 기도를 하나님께서 들으십니다. 그런데 만약 기도자의 위치가 그런 조건을 만족하지 않으면 그의 기도는 그냥 허공에 흩어져 버리고 맙니다. 기도자는 기도했을지라도 하나님에게는 그 기도가 들리지 않는 것입니다.

예를 들면, "1 여호와의 손이 짧아 구원하지 못하심도 아니요 귀가 둔하여 듣지 못하심도 아니라 2 오직 너희 죄악이 너희와 너희 하나님 사이를 갈라 놓았고 너희 죄가 그의 얼굴을 가리어서 너희에게서 듣지 않으시게 함이니"(사 59:1-2). 이 구절에 의하면 사람이 죄를 회개하지 않고 그 안에 그냥 머물러 있으면 그 죄가 기도자와 하나님 사이에 담이 되어 기도를 막아 버립니다. 그러므로 그런 위치에 있는 사람은 아무리 하나님께 기도해도 그의 기도는 헛일이 됩니다. 이건 그가 아무리 간절해도 마찬가지입니다. 또한 "18 내가 나의 마음에 죄악을 품었더라면 주께서 듣지 아니하시리라"(사 66:18). 이와 같이 어떤 사람은 하나님께서 들으시는 기도를 할 수 없는 위치에 있습니다. "13 귀를 막고 가난한 자가 부르짖는 소리를 듣지 아니하면 자기가 부르짖을 때에도 들을 자가 없으리라"(잠 21:13)는 말씀도 있습니다. 이런 말씀들은 하나님께서 들으시는 기도를 하려면 사람이 일정한 생활의 위치를 유지하고 있어야 한다는 것을 보여 줍니다. 이런 위치에서 벗어난 사람은 기도를 해도 하나님께서 듣지 않으십니다. 듣지 않으신다는 말은 기도에 대해 '아니'라고 대답하시는 것이 아니라 그 기도가 하나님의 귀에 들리지 않는다는 뜻입니다. 그러니까 그 사람은 기도했으나 실제로는 기도를 하지 않은 것과 같다는 뜻입니다.

다음으로 기도의 동기가 정당해야 합니다. "3 구하여도 받지 못함은 정욕으로 쓰려고 잘못 구하기 때문이라"(약 4:3). 즉 어떤 사람이 기도로 무엇을 구할 때에 구하는 것이 그 사람의 개인적인 욕심을 채우기 위한 것이면 받지 못한다는 뜻입니다. 그렇다면 무엇을 구해야 합니까? 자기의 욕심을 채우기 위한 것이 아니라 주님께서 기도로 가르치신 내용을 구해야 한다는 뜻입니다. 그러므로 바른 기도를 위해서는 구하는 동기가 무엇인지가 중요한 문제가 됩니다. 즉 마음속의 염원이 하나님께서 받으실 만한 것이 되어야 비로소 하나님께서 들으시는 기도를 할 수 있다는 것입니다.

하나님께서 들으시는 기도를 하기 위해서는 기도자의 삶의 위치가 하나님께서 받으실 만해야 하고, 그가 구하는 동기가 하나님의 나라를 위한 것이 되어야 합니다. 이런 조건을 만족시키지 않는 기도는 하나님께서 결코 듣지 않으십니다. 이것은 그럴 수밖에 없습니다. 왜냐하면 기도의 목적이 바로 거룩한 은혜를 주시기 위한 것이기 때문입니다. 앞에서 지적했지만 기도의 효과는 하나님께 있는 것이 아니라 사람에게 있습니다. 기도의 목적은 기도를 통해서 거룩한 은혜를 받아 신앙이 성장하여 하나님 나라의 백성으로 장성해 나가는 것입니다.

그런데 만약 어떤 사람이 이런 조건을 만족시키지 않고 기도하는데도 하나님께서 그의 기도를 들으신다면 이것은 그 사람이 죄악 가운데서 계속 살아도 된다는 메시지로 해석될 것입니다. 이는 기도의 목적에 모순됩니다. 그러므로 하나님께서 받으실 만하지 않은 삶의 위치에 있는 사람이 기도를 하면 하나님께서는 '네가 그런 위치에 있어 가지고는 나와 기도로 교통할 수 없다. 그러니 먼저 너의 삶의 위치를 정당하게 해라' 하고 말씀하십니다. 또한 어떤 사람이 정욕으로 무엇을 구하면, 하나님께서는 '네가 정욕으로 구하는 것을 내가 들어줄 수는 없다. 그러니 먼저 그 세속적인 욕망을 버리고 오너라. 그러면 내가 기도를 들으마.' 이렇게 말씀하십니다.

그러므로 이 불의한 재판관의 비유를 마치 사람이 하나님께 끈질기게 기도하면 나중에는 귀찮아서라도 들어주신다는 식으로 해석하는 것은 하나님에 대한 무지, 기도의 목적에 대한 무지에서 나온 생각입니다. 이런 식의 해석이 나오는 것은 세속적 욕심이 너무나 강한 나머지 성경 본문에 명백하게 기록된 것을 제대로 못 보기 때문입니다.

불의한 재판관 비유의 목적은 '항상 기도하고 낙망하지 말아야 될 것'을 가르치는 것입니다. 사람이 살면서 만나는 어떤 문제는 도통 해결이 되지 않습니다. 그런데도 계속해서 기도해야 할 어떤 내용이 있습니다. 그 일이 해결될 기미가 보이지 않으므로 사람이 낙망하고 기도를 포기하기 쉬운 어떤 일에 대하여 낙망하지 말고 끈질기게 기도할 수 있는 힘을 공급하기 위해서 주님께서는 이 비유를 베푸셨습니다.

그럼 그 일이 어떤 일일까요? 그것은 이 세상에서 공의가 서는 일입니다. 곧 억울한 일을 당한 사람이 그 억울함을 풀지 못하는 세상이 아니라 죄인은 형벌을 받고 의인은 상급을 받는 공정하고 의로운 세상이 되는 것입니다. 그것이 신자가 마음속에 염원으로 품어야 하는 세상입니다. 그런데 신자가 살고 있는 현 역사에서는 도대체 그렇게 될 것 같은 기미가 보이지 않습니다. 그러면 신자는 그 염원을 포기하고, 그것을 위하여 기도하지 않고 세상에 그냥 휩쓸려서 죄를 용인하면서 살기 쉽습니다. 그런 일이 없게 하기 위하여 주님께서는 이 비유를 베푸신 것입니다. 그것이 이 비유의 목적이라는 사실을 본문이 보여 줍니다. "7 하물며 하나님께서 그 밤낮 부르짖는 택하신 자들의 원한을 풀어 주지 아니하시겠느냐 그들에게 오래 참으시겠느냐 8 내가 너희에게 이르노니 속히 그 원한을 풀어 주시리라"(눅 18:7-8). 여기서 말하는 택하신 자들의 원한은 개인적인 원한 관계의 문제가 아닙니다. 그것은 신자가 의를 추구하다가 세상에서 억울하게 박해를 당하거나 불이익을 당하는 일입니다. 그럴 때에 신자는 그 모든 일들이 의롭게 귀결되리라는 소망을 버리면 안 됩니다. 하나님께서 반드시 들어주실 것이므로 그 일을 위해서 낙망하지 말고 기도해야 하는 것입니다.

이런 진리를 가르치기 위해서 주님께서는 억울한 일을 당한 과부와 불의한 재판관을 비유에 등장시키셨습니다. 이 재판관은 불의한 사람이었기 때문에 충분한 소송비용을 댈 수 없는 과부에게 관심이 있을 턱이 없습니다. 그런데도 이 과부가 자기의 원한을 풀어달라고 하도 끈질기게 매달리니까 나중에는 귀찮아서라도 그 과부의 원한을 풀어 주었다는 것입니다. 이렇게 불의한 재판관이라도 과부의 억울함을 풀어 주었다면, 완전히 의로운 하나님이라면 얼마나 더 억울함을 풀어 주겠느냐 하는 것입니다. 여기서 중요한 것은 귀찮아서 들어주었다는 것이 아닙니다. 불의한 재판관이라도 끈질긴 요구를 들어 주었다는 것입니다. 그렇다면 완전히 의로운 하나님께서 천 배나 만 배나 더 기도를 들어 주실 것은 너무나 분명합니다. 하나님은 불의하지 않은 재판관이며 의를 세우는 것이 하나님의 일이기 때문입니다. 이 과부의 요구는 정당했습니다. 그렇다면 하나님께서는 그 기도를 반드시 들어주십니다.

이 교훈은 신자가 세상의 불의와 불공평에 굴하거나 절망하지 말고 지속적으로 공의를 추구해야 함을 가르칩니다. 그런데 세상의 불의는 신자가 그런 의기(義氣)를 유지하기 어렵게 만듭니다. 자주 좌절하고 싶은 유혹이 듭니다. 어차피 망할 세상이니 그냥 포기하고 살자 하는 마음을 가지고 싶게 합니다. 하지만 이것은 하나님의 자녀의 태도가 아닙니다. 신자의 아버지이신 하나님은 의로운 재판장이시며 결국은 의를 세우고야 마는 분입니다. 그렇다면 신자도 좌절하지 말고 의를 추구해 나가야 합니다. 이 비유는 이런 진리를 가르치기 위한 목적으로 베푸신 것입니다.

하지만 주님께서는 이 비유의 말미에 이렇게 말씀하셨습니다. '그러나 인자가 올 때에 세상에서 믿음을 보겠느냐 하시니라.' 다시 말하면 주님께서 오실 때가 되면 사람들의 믿음이 식고 공의에 대한 모든 희망을 유지하기가 극히 어렵게 될 것입니다. 그럴 때에 공의에 대한 소망을 버리지 않고 확신을 포기하지 않으며 이렇게 끈질기게 기도하는 사람이 과연 얼마나 있겠느냐 하는 말씀입니다. 오늘날 우리에게도 경고가 됩니다.

스스로 속이지 말아야 함

그런데도 이런 구절을 오용하여 끈질기게 매달리면 하나님은 들어 주신다고 가르치는 것은 자신을 속인 결과입니다. 이와 관련하여 한 가지를 보겠습니다. "3 구하여도 받지 못함은 정욕으로 쓰려고 잘못 구하기 때문이라"(약 4:3)는 말씀입니다. 이 문제와 관련하여 널리 혼란이 있으므로 좀 명확히 해야 할 요소가 있습니다. 신자들의 많은 기도가 자신이나 가족의 성공을 구하는 것임을 자주 볼 수 있습니다. 대학 진학이나 고시 합격이나 승진 심사 같은 일을 앞두고 많은 신자들이 직접 기도를 하기도 하고 다른 사람들에게 기도를 부탁하기도 하는 것이 기독교계에 널리 퍼진 관행입니다. 이런 일을 구하는 것이 과연 정욕으로 쓰려고 잘못 구하는 것일까요? 그런 일을 위하여 기도하는 신자들은 당연히 정욕 때문에 구한다고 생각하지 않습니다. 도리어 그렇게 성공하여 하나님의 영광이 드러나게 하기 위해서 그것을 구한다고 말합니다.

이런 미묘한 문제에서 신자는 주의해야 합니다. 왜냐하면 사람은 스스로를 속이는 데 익숙하기 때문입니다. 그래서 성경은 사람이 자신을 속이는 일이 없어야 한다고 경고합니다. "18 아무도 자신을 속이지 말라 너희 중에 누구든지 이 세상에서 지혜 있는 줄로 생각하거든 어리석은 자가 되라 그리하여야 지혜로운 자가 되리라"(고전 3:18). "7 스스로 속이지 말라 하나님은 업신여김을 받지 아니하시나니 사람이 무엇으로 심든지 그대로 거두리라 8 자기의 육체를 위하여 심는 자는 육체로부터 썩어질 것을 거두고 성령을 위하여 심는 자는 성령으로부터 영생을 거두리라"(갈 6:7-8).

이런 사실을 기억하면서 세상에서의 성공이 하나님께 영광이 된다는 것을 근거로 자신 혹은 자녀의 성공을 구하는 기도에 대해서 생각해 보십시다. 이런 기도는 그 배경에 세상에서 성공을 하지 못하면 하나님께 영광을 돌리지 못한다는 전제를 가지고 있습니다. 그리고 기도하는 내용에 미루어 볼 때 그 성공은 보통 세상에서 말하는 성공입니다. 많은 재산을 얻는다든지, 명예와 권력을 얻는 것 등을 가리킵니다. 다시 말하면 평범하게 사는 사람, 가난한 사람, 명예와 권력을 얻지 못한 사람은 하나님께 영광을 돌리지 못합니다. 그렇다면 하나님께 수치를 돌린다는 이야기입니다. 이런 생각을 은연 중에 배후에 가지고 있습니다. 만약 그렇지 않다면 하나님의 영광을 위하여 성공하게 해달라는 기도를 하지 않을 것입니다. 그런데도 많은 경우 그릇된 생각을 정당화하기 위한 성경 구절들을 열심히 나열하면서 자신의 생각을 주장합니다. 교회에서 간증을 많이 하는 사람들은 대부분 세상에서 어떤 형태로든 소위 말하는 성공을 하여 이름이 알려진 사람들입니다.

이 생각이 엉터리라는 것을 두 가지 점에서 설명할 수 있습니다. 첫째, 단순히 일반적인 논리를 가지고 생각하더라도 사람의 성공은 하나님의 영광과 아무 관계가 없습니다. 성공한 사람을 보았을 때 사람들은 그의 재능이나 노력을 칭찬하지 그것을 보고 하나님께 영광을 돌리지 않습니다. 왜냐하면 오직 기독교 신자만 세상에서 성공하는 것이 아니기 때문입니다. 불교 신자도 열심히 노력하면 성공하고 불신자도 열심히 노력하면 성공합니다. 그런데 왜 신자의 성공만 하나님께 영광이 되는 것입니까?

둘째로 어떤 사람은 성공하고 칭찬을 받지만 어떤 사람은 성공하고 욕을 먹습니다. 그가 정당하고 의로운 방법으로 노력하여 성공했다면 사람들은 그의 성공을 칭찬할 것입니다. 그러나 비열하고 불의한 방법으로 성공했다면 사람들은 그를 비웃고 비난할지언정 칭찬하지는 않습니다. 도리어 그의 모든 노력까지 비난과 조소의 근거가 됩니다. '저런 힘을 다른 데 쏟았으면' 하고 말하는 것입니다. 이것은 신자에게도 마찬가지입니다. 그러므로 신자가 세상에서 성공하는 것과 하나님께서 영광을 받으시는 것은 아무 관계도 없습니다. 그런데도 신자의 성공이 하나님께 영광이 되므로 성공하게 해 달라고 기도한다면 이는 아마 성공에 대한 욕망 때문에 판단력이 흐려진 결과일 것입니다. 그러므로 그런 기도는 정욕으로 쓰려고 잘못 구하는 기도의 전형적인 경우입니다.

정당하게 기도하려면 자신의 부나 성공이나 명예 같은 것에 대한 욕심이 없어져야 합니다. 물론 우리는 연약하여 그런 욕심을 버리려 해도 때로 일어나기도 합니다. 하지만 분명한 것은 그런 욕심을 품지 않아야 한다는 것을 명확하게 알고 그것과 싸워 나가는 태도입니다. 우리의 연약을 다 아시는 하나님께서는 우리 마음의 진심을 아십니다. 세속적인 욕심이 없이, 하나님께서 자신에게 어떤 삶을 허락하시든지 그 삶의 위치에서 하나님의 뜻을 이뤄 나가는 삶을 살겠다고 결심해야 합니다. 그리고 그렇게 살 수 있도록 힘을 주시며, 어떤 처지에 있더라도 지혜를 가지고 하나님의 뜻을 이뤄갈 수 있게 해 달라고 기도해야 합니다. 이렇게 기도하는 것 이외의 기도, 곧 마음에 세속적 욕심을 품고 하는 기도는 하나님께서 듣지 않으십니다. 그런 기도를 하는 사람에 대한 하나님의 교훈은 분명합니다. '그런 마음을 고치고 오너라, 그래야 내가 너의 기도에 귀를 기울일 것이다.'

결론

　이렇게 기도는 심각한 일이므로 신중하게 해야 하고 끈질기게 해야 합니다. 한 번 해보아서 되면 좋고 안되면 만다는 식의 태도는 하나님을 가볍게 여기는 극히 불경한 태도입니다. 자기에게도 심각하지 않은 일을 하나님에게는 심각하게 여겨 달라는 것이 말이 안 됩니다. 그래서 주님께서는 기도는 끈질기게 해야 한다는 것을 가르치셨습니다. 그런데 끈질기게 기도는 하는데 자기의 욕심을 위해서 기도하는 경우가 있습니다. 그러면서 자기의 욕심을 하나님의 영광을 위한다는 종교적 구실로 정당화하려 합니다. 이런 기도는 매우 부정당한 기도입니다. 세상적인 일체의 욕심을 버리고 자기를 부인하지 않으면 하나님께서 들으시는 기도를 할 수 없다는 것이 성경의 분명한 교훈입니다. "25 수많은 무리가 함께 갈새 예수께서 돌이키사 이르시되 26 무릇 내게 오는 자가 자기 부모와 처자와 형제와 자매와 더욱이 자기 목숨까지 미워하지 아니하면 능히 내 제자가 되지 못하고 27 누구든지 자기 십자가를 지고 나를 따르지 않는 자도 능히 나의 제자가 되지 못하리라"(눅 14:25-27)

기도 4

14 내 형제들아 만일 사람이 믿음이 있노라 하고 행함이 없으면 무슨 유익이 있으리요 그 믿음이 능히 자기를 구원하겠느냐 15 만일 형제나 자매가 헐벗고 일용할 양식이 없는데 16 너희 중에 누구든지 그에게 이르되 평안히 가라, 덥게 하라, 배부르게 하라 하며 그 몸에 쓸 것을 주지 아니하면 무슨 유익이 있으리요 17 이와 같이 행함이 없는 믿음은 그 자체가 죽은 것이라 18 어떤 사람은 말하기를 너는 믿음이 있고 나는 행함이 있으니 행함이 없는 네 믿음을 내게 보이라 나는 행함으로 내 믿음을 네게 보이리라 하리라 19 네가 하나님은 한 분이신 줄을 믿느냐 잘하는도다 귀신들도 믿고 떠느니라(약 2:14-19)

서론

신자든 불신자든 모든 사람은 어떤 의미에서 기도를 하면서 삽니다. 사람은 연약하여, 자연적인 힘이든 다른 사람의 힘이든, 외부의 힘이 도와주지 않으면 자기 힘으로는 아무 것도 할 수 없기 때문입니다. 그런데도 사람은 타락하여 마음이 어두워진 연고로 누구에게 무엇을 어떻게 기도해야 하는지를 모르고 있습니다. 그래서 고대 아테네에는 '알지 못하는 신에게' 예배하는 사람들도 있었습니다. '알지 못하는 신에게'라는 말이 새겨진 비문도 발견되었습니다. 당연히 그들은 기도를 할 때에도 알지 못하는 신에게 했을 것입니다. 기도의 대상과 기도에 대한 이런 무지 가운데 있는 까닭에 사람은 기도에 대해서 배워야 합니다.

앞에서 보았듯이 기도를 할 때에는 정직하게 해야 하고, 심각하게 해야 하며, 기도하는 것을 무거운 일로 여겨야 합니다. 그런데 이렇게 기도하는 사람이라면 거기에 반드시 행동이 따라오게 되어 있습니다. 야고보서의 본문은 말에만 적용되는 것이 아니라 기도에도 그대로 적용됩니다. 가난하여 헐벗고 굶주리는 형제나 자매가 있을 때에 그들에게 '평안히 가라, 덥게 하라, 배부르게 하라'고 하면서 그 몸에 쓸 것을 주지 않는다면 그들에게 아무 도움이 되지 못합니다. 그리고 그의 말은 헛된 인사에 불과하지 진정이 아닙니다. 만약 굶주린 사람이 무엇인가를 먹기를 바란다면 당연히 그에게 먹을 것을 주어야 합니다. 이 원리가 기도에도 적용됩니다.

진정한 염원에는 행동이 수반됨

앞에서 기도는 마음속의 염원으로부터 시작된다고 했습니다. 염원이란 소원입니다. 소원이란 대개 이루어지기를 바라지만 지금 자기 힘으로 이룰 수 없는 일에 대해 가지는 마음입니다. 그런데 어떤 사람이 진정한 소원을 품으면 그는 자기도 모르게 그 목표를 향해서 한발 한

발 나아가게 마련입니다. 만약 그렇게 하지 않는다면 그 사람은 이미 그 소원을 버렸거나 포기한 것입니다. 사람은 포기한 소원도 가지고 살 수는 있습니다. 하지만 그것이 그 사람을 움직이는 힘은 되지는 못합니다. 일반적으로 사람이 품고 있는 소원은 그 사람을 이끌어 가는 힘이 됩니다. 그는 그 목표를 향해서 나아갑니다. 그것이 소원의 힘입니다.

우리가 아주 쉽게 경험하는 현실적인 예로, 길을 가다가 위험에 빠진 사람을 보았다고 가정하십시다. 그러면 보통 사람이라면 순간적으로 그가 위험에서 벗어나기를 원하게 되고, 즉시 그 생각을 행동에 옮깁니다. 그래서 그 사람을 구하기 위해서 어떤 대책을 강구하고 그것을 실천에 옮깁니다. 이렇게 참된 염원은 행동을 일으킵니다. 혹은 자녀가 질병에 걸린 경우에 정상적인 부모라면 기도만 하고 앉아 있지 않습니다. 그의 병을 고치기 위해 백방으로 뛰어다니게 마련입니다. 강력한 염원은 언제나 행동을 낳게 마련입니다.

믿는 사람은 대개 이런 염원을 기도로 표현합니다. 자기 가족이든 교우든 좌우간 누가 병이 들면 교우들은 그의 병이 나아서 정상적인 생활을 하며 함께 하나님을 섬길 수 있게 되기를 진정으로 바라게 됩니다. 그래서 하나님께 도움을 구합니다. 어떤 사람들은 그냥 병이 낫게 해달라고 기도하기도 하지만, 어떤 사람은 제대로 된 병원에서 그 병에 전문적인 지식을 가진 의사를 만나 좋은 치료를 받게 해 달라고 구체적으로 기도하기도 합니다. 이렇게 기도하는 이유는 그 병이 낫는 것이 하나님의 뜻이라고 생각하기 때문입니다. 그러니까 하나님께 그 뜻을 이뤄 주시기를 기도하는 것입니다.

그런데 만약 어떤 사람이 기도를 진정으로 한다면 우선 병자가 완쾌될 때까지 지속적으로 할 것입니다. 만약 병이 낫지도 않았는데 도중에 기도를 중단하고 그의 병이 어떻게 되었는지에 대해 아무 관심도 없다면 그가 처음에 기도한 것은 뭐냐 하는 질문을 하게 됩니다. 그것은 진정한 염원이 아니라 순간적인 동정심 정도에 지나지 않았을 것입니다. 만약 기도를 중단한다면 그렇게 해야 할 어떤 이유가 있어야 합니다. 그 병은 하나님께서 고쳐 주시지 않을 것이라는 판단이 섰든지, 혹은 그가 병이 낫는 것이 과연 하나님의 뜻인지에 대해 확신이 사라졌다든지 하면 자연히 그는 기도를 중단할 것입니다. 만약 이렇게 기도를 중단한다면 그는 처음부터 정직하고 진지한 기도를 한 것입니다. 이런 과정이 있었다면 그는 하나님의 뜻을 깨달았을 것이며, 기도한다는 문제에 대하여 그만큼 배운 것이 있게 됩니다. 이렇게 되어야 처음에 기도를 시작한 본의가 있는 것입니다.

다음으로, 만약 그 병을 위해 진정으로 기도하는 사람이라면 병이 낫기 위해서 필요한 무엇인가를 할 것입니다. 왜냐하면 그의 병이 낫는 것을 하나님의 뜻이라고 생각한다면 그 뜻은 이루어져야 할 것이고, 하나님의 뜻이 이루어지는 것을 자기의 소원으로 삼고 사는 사람은 그 뜻이 이루어지기 위해 무엇인가를 하게 마련입니다. 만약 그에게 치료비가 없어서 치료를 못하고 있다면 자기 돈으로 치료비에 얼마를 보태든지, 아니면 모금이라도 하려고 나설 것입니다. 혹은 그에게 정보가 필요하다면 병원이나 의사에 대해 알아보아 가르쳐 주려 할 것입니다. 이런 일들은 다 비용과 시간과 정력이 들어가는 일입니다. 만약 그의 기도가 진정이라면 기도에 따르는 이런 대가를 지불하려 할 것입니다. 그러나 만약 그렇게 하지 않는다면 그의 기도는 행함이 없는 믿음과 같이 무익한 것이 됩니다. 하나님께는 그렇게 해주십사 하고 기도하면서 자기는 손가락 하나 까딱하지 않는다면 그것은 대단히 무책임한 기도입니다. 자기를 행동하게 할 만큼 절실하지도 않은 기도를 하나님께 이뤄 달라고 하는 것이 됩니다.

질병의 문제를 예로 들었지만 이것은 다른 모든 일에 있어서도 마찬가지입니다. 어떤 나라에 복음이 전파되기를 기도한다면 거기서 활동하는 선교사를 돕든지, 아니면 그 일에 필요한 무엇인가를 자기가 공급할 생각을 해야 합니다. 우리나라가 좀 더 의롭고 살기 좋은 나라가 되기를 위해서 기도한다면 나라가 그렇게 되기 위해서 자기가 할 수 있는 일이 무엇인지를 찾아서 행하면서 그 기도를 해야 합니다. 그런데 그렇게 하지는 않고, 자기는 조금의 희생도 하지 않으면서 하나님이 다 알아서 해 달라고 기도만 한다면 그것은 무책임한 기도입니다. 그런 기도는 하면 할수록 그의 믿음을 해치는 역할만 하는 것입니다.

기도에 따르는 책무

여기서 기도와 관련하여 우리가 깨달아야 할 중요한 진리는 기도에 책무가 따른다는 것입니다. 신자는 모두 하나님의 뜻이 이루어져야 한다는 소원을 품고 삽니다. 그것이 우리의 삶의 목표입니다. 그런데 우리가 어떤 문제에 대해 기도한다면 그것을 하나님의 뜻이라고 생각하기 때문입니다. 그러니까 하나님께 그것을 이루어 주실 것을 기도합니다. 그렇다면 당연히 우리가 그 일에 가담하여 그 일이 이루어지도록 할 일을 해야 합니다. 이렇게 행동할 만큼 절실하지 않은 일이라면 함부로 기도하지 않는 것이 정당합니다. 왜냐하면 그것이 진정한 마음의 소원이 아닐 수 있기 때문입니다.

그런데도 이와 관련하여 기독교 교회 내에 널리 퍼진 악습이 있습니다. 성경에 기도에 대한 교훈이 많이 있고 서로 위해서 기도하라는 말씀도 있고 서로 기도를 부탁하는 말씀들이 있으니까 서로 기도 부탁하기를 잘 합니다. 한번은 어떤 조찬 모임에 가서 강의를 하게 되었는데, 강의를 하기 전에 사람들이 대여섯 명씩 식탁에 둘러앉아 간단하게 아침을 먹고 둘러앉아서 기도를 했습니다. 그런데 각 사람에게 기도 쪽지를 하나씩 나눠주면서 기도 제목을 적으라는 것입니다. 그리고는 그 쪽지를 오른쪽으로 돌리라고 했습니다. 그 쪽지에 기록된 기도 제목을 위해서 기도하라는 것입니다. 그러니까 각 사람이 자기 왼쪽에 앉은 사람의 기도 제목대로 기도하게 되어 있었습니다. 제가 받은 쪽지는 가족의 건강과 자녀의 취업을 위해서 기도해 달라는 것이었습니다. 그런데 제목도 상투적일 뿐만 아니라 도대체 그 사람의 사정도 알지 못하는데 어떻게 그것을 기도하라는 것인지 알 수가 없었습니다. 그래서 결국 어떻게 기도해야 하나 하고 생각하다가 정작 기도는 못하고 말았습니다. 아마 조찬 모임을 할 때마다 그렇게 하는 모양인데, 그 중에 그 기도를 정말 진지하게 생각하고 기도하는 사람이 얼마나 있는지, 그 중에 그 기도 제목을 계속 기억하는 사람이 얼마나 있는지 궁금했습니다. 매달 하는 모임이었으니까 만약 충실히 참석하는 사람이라면 일 년에 그런 쪽지를 열두 장은 받을텐데, 어떻게 기도하는지 궁금할 뿐입니다.

그런 악습을 좇으면 안 됩니다. 그것은 절대로 성경이 가르친 기도가 아닙니다. 기도를 시작하려면 하나님의 뜻을 알아보는 노력이 먼저 있어야 합니다. 과연 그 기도를 할 것인가, 만약 한다면 어떻게 할 것인가, 그리고 그 기도에 대한 책임은 어떻게 질 것인가를 먼저 생각해야 합니다. 예를 들어 어떤 나라에서 활동하는 선교사가 자기에게 기도를 부탁했다고 가정해 보십시오. 만약 그를 위해 기도하려면 먼저 그 사람이 하나님의 파송을 받아서 제대로 선교하는 사람인지를 알아 보아야 할 것입니다. 사도 바울 시대에도 그랬지만 어느 시대에나 선교사라 하면서 그것을 생업으로 삼아 먹고 사는 사람이 비일비재합니다. "17 우리는 수많은 사람들처럼 하나님의 말씀을 혼잡하게 하지 아니하고 곧 순전함으로 하나님께 받은 것같이 하나님 앞에서와 그리스도 안에서 말하노라"(고후 2:17). 하나님의 말씀을 혼잡하게 한다는 말이 원어로는 하나님의 말씀으로 봇짐장사를 한다는 뜻입니다. 그러니까 하나님의 말씀을 돈벌이 수단으로 삼는다는 것입니다. 사도 바울은 당시에 그런 사람들이 많았다고 말합니다. 이것은 오늘날이라고 해서 크게 다르지 않을 것입니다. 물론 하나님의 파송을 받아서 진정으로 섬기는 선교사들도 있습니다. 하지만 그렇지 않은 사람들도 많은 것이 현실입니다. 그런 사람들을 위해서 기도할 수는 없는 것입니다.

또 막연히 그저 선교를 잘 하게 해 달라고 기도한다면 그런 기도는 뭐하러 합니까? 그가 참된 선교사라면 당연히 선교를 잘 해야 할 것입니다. 도리어 그를 위해 기도하려면 그가 유효하게 선교하기 위해서 필요한 것이 무엇인지를 조사하여 알아보아야 할 것입니다. 그리고 그것을 위해서 기도해야 합니다. 그렇게 기도하면서 당연히 그 필요를 채우기 위해서 자기가 해야 할 일을 해야 합니다. 이렇게 해서 하나님께서는 또한 그 선교사에게 필요한 것을 채워 주시는 것입니다.

빌립보 교회의 예

이와 관련하여 빌립보 교회는 좋은 모범이 됩니다. 빌립보 교회가 선 내력은 사도행전 16장에 기록되어 있습니다. 그 때가 2차 전도여행이었습니다. 사도는 성신의 인도를 받아 마게도냐의 주도(主都)인 빌립보에 가서 복음을 전했습니다. 그 자리에 루디아라는 여인이 있었는데 성신께서 그 마음을 열어 주심으로 그가 사도의 복음을 받고 그리스도의 제자가 되었습니다. 이렇게 되어 빌립보에 교회가 섰습니다. 상당한 재력가였음이 분명한 루디아는 자기 집을 열어서 예배처소로 사용했습니다. 사도 바울이 감옥에서 나온 후에 어떻게 했는지에 대해서 성경은 이렇게 말합니다. "40 두 사람이 옥에서 나와 루디아의 집에 들어가서 형제들을 만나 보고 위로하고 가니라"(행 16:40). 여기 루디아의 집에 들어가서 형제들을 만나 보았다고 말합니다.

뒤에 사도 바울은 로마 감옥에서 빌립보서를 썼는데, 빌립보 교회에 대한 감사의 심정과 따뜻한 마음을 가득 전하는 서신입니다. 빌레몬서와 함께 그 분위기가 비교적 따뜻한 서신입니다. 그 서신에서 사도는 이렇게 썼습니다. "3 내가 너희를 생각할 때마다 나의 하나님께 감사하며 4 간구할 때마다 너희 무리를 위하여 기쁨으로 항상 간구함은 5 너희가 첫날부터 이제까지 복음을 위한 일에 참여하고 있기 때문이라 6 너희 안에서 착한 일을 시작하신 이가 그리스도 예수의 날까지 이루실 줄을 우리는 확신하노라 7 내가 너희 무리를 위하여 이와 같이 생각하는 것이 마땅하니 이는 너희가 내 마음에 있음이며 나의 매임과 복음을 변명함과 확정함에 너희가 다 나와 함께 은혜에 참여한 자가 됨이라"(빌 1:3-7).

여기서 사도 바울은 그들이 복음을 위한 일에 참여한다고 말하고, 하나님께서 그들 안에서 착한 일을 시작하셨다고 말합니다. 그러면서 그들이 바울의 매임과 복음을 변명함과 확정함에 바울과 함께 은혜에 참여하였다고 말합니다. 사도의 이 말들은 그들이 기도만 하고 마음으로만 원하고 있었다는 뜻이 아닙니다. 아마 사도를 알고 사도의 사역의 가치를 안 사람들이라면 누구나 사도를 위해 그렇게 기도하면서 그의 사역이 성공적이기를 마음으로 원했을 것입니다. 그러나 빌립보 교회는 거기서 한 발 더 나아갔습니다. 곧 경제적으로 직접 사도를 돕기 시작한 것입니다. "15 빌립보 사람들아 너희도 알거니와 복음의 시초에 내가 마게도냐를 떠날 때에 주고 받는 내 일에 참여한 교회가 너희 외에 아무도 없었느니라 16 데살로니가에 있을 때에도 너희가 한 번뿐 아니라 두 번이나 나의 쓸 것을 보내었도다"(빌 4:15-16).

사도 바울의 마게도냐 전도 행적이 사도행전에 기록되어 있는데, 빌립보를 떠나자 사도 일행은 암비볼리, 아볼로니아를 거쳐 데살로니가에 이르렀습니다. 그리고는 데살로니가에서 다시 유대인의 박해를 받자 그들을 피하여 베뢰아로 갔습니다. 베뢰아 사람들은 데살로니가 사람들보다 더 신사적이었습니다. 하지만 베뢰아에서도 박해가 일어나자 배를 타고 마게도냐를 떠나 아가야에 있는 아덴으로 갑니다. 마게도냐에서 이렇게 여러 도시를 다니면서 복음을 전하고 박해를 받았지만, 이 도시들 중에서 사도를 경제적으로 지원한 교회는 빌립보 교회뿐이었습니다. 사도의 편지를 보면 사도가 빌립보를 떠나 암비볼리와 아볼로니아를 거쳐 데살로니가에 이르기 전에 벌써 빌립보 교회의 지원이 시작되었습니다. 그리고 데살로니가에 있을 때에도 빌립보 교회는 바울에 대한 지원을 그치지 않았습니다.

게다가 사도가 로마 감옥에서 이 편지를 쓰고 있을 당시에는 빌립보에서 파견한 에바브로디도가 사도와 함께 있었습니다. 그는 빌립보 교회가 파견한 사람으로, 빌립보 교회는 사도의 쓸 것을 그의 편에 보냈습니다. "18 내게는 모든 것이 있고 또 풍부한지라 에바브로디도 편에 너희가 준 것을 받으므로 내가 풍족하니 이는 받으실 만한 향기로운 제물이요 하나님을 기쁘시게 한 것이라"(빌 4:18). 이것이 빌립보 교회의 훌륭한 신앙이었습니다. 그들은 사도가 복음 전파 사역을 잘 감당하기를 기도했습니다. 마게도냐의 다른 교회들도 그렇게 기도했을 것입니다. 그러나 그 기도에 대한 책임을 감당하기 위한 수고를 아끼지 않은 교회는 빌립보 교회가 유일했습니다. 이것이 책임을 지는 기도의 좋은 예입니다.

그렇다면 이제 기도의 중요한 기능 한 가지를 알 수 있습니다. 곧 기도는 하나님께서 은혜의 왕국에서 이루고자 하시는 일을 이루시는 중요한 방법이라는 것입니다. 하나님께서 어떤 지역에 복음을 전하려 하실 때에 얼마든지 어떤 사람의 꿈에 나타나서 가라고 말씀하시고 다른 부자의 꿈에 나타나 그를 도우라고 하실 수 있습니다. 이런 일이 실제로 발생한 적이 있습니다. 사도행전 10장에 베드로가 고넬료의 집으로 보냄을 받을 때에 그런 일이 있었습니다. 하나님께서는 고넬료에게 환상 중에 나타나시고 베드로에게도 환상 중에 나타나셨습니다. 그렇게 해서 베드로가 고넬료의 집에 갔습니다. 하나님께서는 얼마든지 그렇게 하실 수 있지만, 일반적으로는 그렇게 하지 않으십니다. 먼저 어떤 그리스도인으로 하여금 어떤 지역에 대해 관심을 가지게 하십니다. 그러면 그 사람은 그 지역에 대한 지식을 자꾸 얻게 될 것이고, 마음속에서는 그곳에 가서 복음을 전하고자 하는 열망을 점점 가집니다. 그러면서 그는 주변의 사람들과 자기의 뜻을 나눌 수도 있습니다. 그러면 사람들은 점점 그의 생각을 알게 될 것이고, 만약 그가 복음 전도자로 부름 받은 사람이라는 것을 사람들이 확신하게 되면 그를 위해서 기도할 것입니다. 이런 모든 과정들이 가장 자연스럽고 순리대로 진행됩니다. 그러면 하나님께서는 그가 선교 훈련을 받을 수 있는 기회를 주실 것이고, 우리나라 같으면 총회 선교부나 어떤 선교 본부에서 그에게 선교사로서의 소명과 자질이 있는 것을 발견하고 그를 선교사로 파송할 것이며, 그를 위해 기도하는 교회들과 기관이 그를 후원하여 그의 선교를 도울 것입니다. 이렇게 해서 하나님께서는 전도자를 세우시고 그를 사용하여 원하시는 곳에 복음을 전하십니다.

하나님께서는 이런 번거로워 보이는 긴 과정을 거치지 않고도 그 일을 간단하게 해결하실 수 있음에도 불구하고 이렇게 하시는 이유는, 이런 일이 진행되는 동안 그 일에 참여하는 신자들이 하나님과 계속 교통하게 되고, 신앙이 성장하며, 하나님의 일에 참여하는 훈련을 받고, 그 결과 상급과 영광을 받게 하시려는 것입니다. 이와 같이 그 모든 일들이 하나님의 자녀의 구원과 영광을 위한 것이지 하나님을 위한 것이 아닙니다. 또한 하나님에 대한 사랑과 믿음으로 그 일에 참여하는 사람은 큰 은혜를 받습니다.

기도응답의 형태

하나님의 이런 섭리를 한나의 경우에 볼 수 있습니다. 그 이야기가 사무엘상 1장과 2장에 기록되어 있습니다. "1 에브라임 산지 라마다임소빔에 에브라임 사람 엘가나라 하는 사람이 있었으니 그는 여로함의 아들이요 엘리후의 손자요 도후의 증손이요 숩의 현손이더라 2 그에게 두 아내가 있었으니 한 사람의 이름은 한나요 한 사람의 이름은 브닌나라 브닌나에게는 자식이 있고 한나에게는 자식이 없었더라 3 이 사람이 매년 자기 성읍에서 나와서 실로에 올라가서 만군의 여호와께 예배하며 제사를 드렸는데 엘리의 두 아들 홉니와 비느하스가 여호와의 제사장으로 거기에 있었더라 4 엘가나가 제사를 드리는 날에는 제물의 분깃을 그의 아내 브닌나와 그의 모든 자녀에게 주고 5 한나에게는 갑절을 주니 이는 그를 사랑함이라 그러나 여호와께서 그에게 임신하지 못하게 하시니 6 여호와께서 그에게 임신하지 못하게 하시므로 그의 적수인 브닌나가 그를 심히 격분하게 하여 괴롭게 하더라 7 매년 한나가 여호와의 집에 올라갈 때마다 남편이 그같이 하매 브닌나가 그를 격분시키므로 그가 울고 먹지 아니하니 8 그의 남편 엘가나가 그에게 이르되 한나여 어찌하여 울며 어찌하여 먹지 아니하며 어찌하여 그대의 마음이 슬프냐 내가 그대에게 열 아들보다 낫지 아니하냐 하니라 9 그들이 실로에서 먹고 마신 후에 한나가 일어나니 그 때에 제사장 엘리는 여호와의 전 문설주 곁 의자에 앉아 있었더라 10 한나가 마음이 괴로워서 여호와께 기도하고 통곡하며 11 서원하여 이르되 만군의 여호와여 만일 주의 여종의 고통을 돌보시고 나를 기억하사 주의 여종을 잊지 아니하시고 주의 여종에게 아들을 주시면 내가 그의 평생에 그를 여호와께 드리고 삭도를 그의 머리에 대지 아니하겠나이다 12 그가 여호와 앞에 오래 기도하는 동안에 엘리가 그의 입을 주목한즉 13 한나가 속으로 말하매 입술만 움직이고 음성은 들리지 아니 하므로 엘리는 그가 취한 줄로 생각한지라 14 엘리가 그에게 이르되 네가 언제까지 취하여 있겠느냐 포도주를 끊으라 하니 15 한나가 대답하여 이르되 내 주여 그렇지 아니하니이다 나는 마음이 슬픈 여자라 포도주나 독주를 마신 것이 아니요 여호와 앞에 내 심정을 통한 것뿐이오니 16 당신의 여종을 악한 여자로 여기지 마옵소서 내가 지금까지 말한 것은 나의 원통함과 격분됨이 많기 때문이니이다 하는지라 17 엘리가 대답하여 이르되 평안히 가라 이스라엘의 하나님이 네가 기도하여 구한 것을 허락하시기를 원하노라 하니 18 이르되 당신의 여종이 당신께 은혜 입기를 원하나이다 하고 가서 먹고 얼굴에 다시는 근심 빛이 없더라 19 그들이 아침에 일찍이 일어나 여호와 앞에 경배하고 돌아가 라마의 자기 집에 이르니라 엘가나가 그의 아내 한나와 동침하매 여호와께서 그를 생각하신지라 20 한나가 임신하고 때가 이르매 아들을 낳아 사무엘이라 이름하였으니 이는 내가 여호와께 그를 구하였다 함이더라"(삼상 1:1-20).

이 구절은 성경에서 가장 잘 알려진 구절들 중의 하나입니다. 그래서 자녀를 낳지 못하는 사람들이 자주 이 구절에 의지하여 기도하기도 합니다. 한나가 사무엘을 하나님께 바치기로 서원한 것을 보고 따라하기도 합니다. 하지만 이 구절을 근거로 그렇게 기도하는 것은 옳지 못합니다. 왜냐하면 이 교훈의 목적은 그렇게 할 것을 가르치시려는 것이 아니기 때문입니다. 전체 문맥을 보면 이 이야기는 사무엘이 등장하는 이야기입니다. 특별히 "엘리의 두 아들 홉니와 비느하스가 여호와의 제사장으로 거기에 있었더라"(삼하 1:3하)는 말씀이 그 암시입니다. 그들은 엘리의 뒤를 이어 제사장이 될 수 없는 사람이었고, 그 자리를 사무엘이 대신하게 되기 때문입니다. 즉 엘리의 다음으로 제사장직이 사무엘에게 계승된 사실을 기록해 나가는 과정에 등장하는 이야기입니다.

그런데 사무엘의 등장을 이야기하면서 한나의 이 이야기가 길게 기록되어 있습니다. 이는 한나의 행동이 하나님의 백성에게 교훈을 주는 중요한 계시이기 때문입니다. 이 구절에서 한나의 기도를 단순히 브닌나에 대한 개인적인 원한을 호소하는 기도로 오해하지 말아야 합니다. 이 기도는 하나님의 백성이 억울하게 박해를 당할 때에 그 신원을 하나님께 호소하여 응답을 받는 한 예가 됩니다. 앞에서 누가복음 18장의 불의한 재판관의 비유에서 그것을 보았습니다. 한나는 자신이 브닌나에게서 당하는 억울한 일을 남편에게 말하지 않고 오직 하나님께만 신원을 호소했습니다. 거기서 발생한 일은 한 여인이 다른 여인을 억울하게 했다는 정도의 이야기가 아니라 하나님의 대적이 하나님의 백성을 박해하고 그 백성이 신원을 호소하게 하는 하나의 전형적인 경우입니다. 그렇다는 것이 뒤에 이어지는 한나의 기도에서 나타납니다.

"1 한나가 기도하여 이르되 내 마음이 여호와로 말미암아 즐거워하며 내 뿔이 여호와로 말미암아 높아졌으며 내 입이 내 원수들을 향하여 크게 열렸으니 이는 내가 주의 구원으로 말미암아 기뻐함이니이다 2 여호와와 같이 거룩하신 이가 없으시니 이는 주 밖에 다른 이가 없고 우리 하나님 같은 반석도 없으심이니이다 3 심히 교만한 말을 다시 하지 말 것이며 오만한 말을 너희의 입에서 내지 말지어다 여호와는 지식의 하나님이시라 행동을 달아 보시느니라 4 용사의 활은 꺾이고 넘어진 자는 힘으로 띠를 띠도다 5 풍족하던 자들은 양식을 위하여 품을 팔고 주리던 자들은 다시 주리지 아니하도다 전에 임신하지 못하던 자는 일곱을 낳았고 많은 자녀를 둔 자는 쇠약하도다 6 여호와는 죽이기도 하시고 살리기도 하시며 스올에 내리게도 하시고 거기에서 올리기도 하시는도다 7 여호와는 가난하게도 하시고 부하게도 하시며 낮추기도 하시고 높이기도 하시는도다 8 가난한 자를 진토에서 일으키시며 빈궁한 자를 거름더미에서 올리사 귀족들과 함께 앉게 하시며 영광의 자리를 차지하게 하시는도다 땅의 기둥들은 여호와의 것이라 여호와께서 세계를 그것들 위에 세우셨도다 9 그가 그의 거룩한 자들의 발을 지키실 것이요 악인들을 흑암 중에서 잠잠하게 하시리니 힘으로는 이길 사람이 없음이로다 10 여호와를 대적하는 자는 산산이 깨어질 것이라 하늘에서 우레로 그들을 치시리로다 여호와께서 땅 끝까지 심판을 내리시고 자기 왕에게 힘을 주시며 자기의 기름 부음을 받은 자의 뿔을 높이시리로다 하니라"(삼상 2:1-10).

한나의 이 위대한 찬송의 정신은 주님의 육신의 모친인 마리아의 송영에도 나타납니다. 한나는 이렇게 위대한 믿음을 가진 여인이었습니다. 한나와 브닌나의 관계는 사람들 사이에서 흔히 있는 개인적인 억울함의 문제가 아니었습니다.

여기서 한나는 아들을 낳으면 하나님께 나실인으로 바칠 것을 서약했습니다. 그리고 그대로 실행했습니다. 왜 이런 서약을 했을까요? 아마 아들을 구하는 자기의 마음이 아들에 대한 개인적인 욕심이 아니라 하나님의 신원을 바라는 마음임을 증명하기 위함이었을 수도 있습니다. 아들을 주신다면 이는 자신의 억울함을 신원해 주시는 것이니 그것으로 충분하다는 것입니다. 그 아들은 하나님의 것이므로 자신의 뜻대로 하지 않고 하나님의 처분에 맡기겠다는 것입니다. 이것이 한나의 위대한 신앙이었습니다.

여기서 우리는 하나님께서 기묘한 방식으로 사무엘을 세상에 보내시고 그를 엘리의 집에 들이시며 거기서 어렸을 때부터 하나님의 종으로 훈련 받게 하신 것을 봅니다. 하나님께서는 모든 선지자와 제사장을 이런 방식으로 보내지는 않으셨습니다. 하지만 사무엘은 이런 방식으로 보내셨습니다. 이 과정 속에서 큰 은혜가 드러났습니다. 한나는 위대한 신앙을 발휘하여 하나님 나라의 큰 진리를 전달하는 도구가 되었습니다. 그것은 한나가 사무엘을 얻은 사실이 아니라 그 과정에서 드러나는 하나님의 의, 하나님의 백성의 원한을 하나님께서 신원해 주신다는 사실, 그리고 이 위대한 신앙의 기도가 탄생한 것입니다. 이렇게 해서 하나님께서는 그 백성에게 큰 은혜를 내리셨습니다. 한나가 받은 영적인 유익은 말할 것도 없습니다. 그리고 그녀가 앞으로 참여할 영광에 대해서도 재론이 불필요합니다.

결론

하나님께서 기도를 통해서 그 백성에게 은혜를 끼치시는 이 모든 기묘한 섭리는 참된 기도가 어떤 것임을 보여 줍니다. 물론 우리의 모든 기도가 성경에 기록되어야 하는 것은 아닙니다. 그럴지라도 분명한 것은 기도를 통해서 한나와 같은 은혜를 받아야 한다는 것입니다. 우리에게 필요한 모든 것을 기도하기도 전에 다 아시는 하나님께서 기도하라 하셨다면 왜 기도해야 하는가 하는 이유가 있어야 합니다. 앞에서 말한 것처럼 기도는 자신의 원하는 것을 얻는 수단이 아니라 우리를 하나님의 일에 참여시켜서 거룩한 은혜를 받게 하는 은혜의 방도입니다.

기도 5 주기도문(1)

5 또 너희는 기도할 때에 외식하는 자와 같이 하지 말라 그들은 사람에게 보이려고 회당과 큰 거리 어귀에 서서 기도하기를 좋아하느니라 내가 진실로 너희에게 이르노니 그들은 자기 상을 이미 받았느니라 6 너는 기도할 때에 네 골방에 들어가 문을 닫고 은밀한 중에 계신 네 아버지께 기도하라 은밀한 중에 보시는 네 아버지께서 갚으시리라 7 또 기도할 때에 이방인과 같이 중언부언하지 말라 그들은 말을 많이 하여야 들으실 줄 생각하느니라 8 그러므로 그들을 본받지 말라 구하기 전에 너희에게 있어야 할 것을 하나님 너희 아버지께서 아시느니라 9 그러므로 너희는 이렇게 기도하라 하늘에 계신 우리 아버지여 이름이 거룩히 여김을 받으시오며 10 나라가 임하시오며 뜻이 하늘에서 이룬 것 같이 땅에서도 이루어지이다 11 오늘 우리에게 일용할 양식을 주시옵고 12 우리가 우리에게 죄 지은 자를 사하여 준 것 같이 우리 죄를 사하여 주시옵고 13 우리를 시험에 들게 하지 마시옵고 다만 악에서 구하시옵소서 (나라와 권세와 영광이 아버지께 영원히 있사옵나이다 아멘) 14 너희가 사람의 잘못을 용서하면 너희 하늘 아버지께서도 너희 잘못을 용서하시려니와 15 너희가 사람의 잘못을 용서하지 아니하면 너희 아버지께서도 너희 잘못을 용서하지 아니하시리라 (마 6:5-15)

서론: 주기도문의 배경

 마태복음에서 주님께서 가르치신 기도를 살펴보겠습니다. 일반적으로 말하는 대로 주기도문이라고 부르겠습니다.
 마태복음에서 주기도문은 외식을 경고하는 일련의 가르침 속에서 등장합니다. 당시 유대인들 사이에 종교적 외식이라는 문제가 심각했음이 분명합니다. 그래서 주님께서는 유대교에서 가장 중요한 세 가지 종교 행동인 구제, 기도, 금식에서 행해진 외식을 지적하시면서 회개를 촉구하셨던 것입니다. 외식이라는 말은 겉을 꾸민다는 말인데, 일반적으로 말하는 위선과 같은 뜻입니다. 그러니까 유대인들은 가장 중요한 종교 행동에서 위선을 범하고 있었습니다.
 이 위선의 성격을 살펴보면 흥미로운 사실을 알 수 있습니다. 그들은 구제도 하고, 기도도 하고, 금식도 했습니다. 그런 종교적인 행동은 나름대로 의미가 있고 중요한 일입니다. 그런 중요한 일들을 했는데도 그들은 위선적이라는 비난을 받은 것입니다. 그러므로 어떤 종교적인 행동을 하는 것 자체가 중요한 것이 아닙니다. 그것을 하되 원래의 뜻에 맞도록 정당하게 해야 합니다. 그렇지 않으면 그것이 하지 않음만 못한 결과를 초래할 수 있습니다. 일종의 종교적인 면역성이 생겨서 고칠 수 없는 지경이 되면 그들에게 다시 회개의 기회가 없어지는 무서운 결과를 초래할 수 있습니다.
 당시 유대인들의 잘못된 성격을 가장 기본적으로 이야기하면 순결하지 못했다는 것입니다. 구제나 기도 혹은 금식 같은 종교 행위들은 어떤 특정한 목적을 위한 것입니다. 그렇다면 그 행위를 했을 때 그 목적을 이루면 그만입니다. 그런데 유대인들은 그렇게 한 것이 아니라 원래의 목적 이외의 것을 거기에 혼합시킨 것입니다. 구제를 예로 들면, 구제란 대개 경제적으로 어려운 가운데 처한 사람에게 도움을 베푸는 것입니다. 이것은 유대교에서 요구하는 중요한 종교적 의무였습니다. "17 가난한 자를 불쌍히 여기는 것은 여호와께 꾸어 드리는 것이니 그의 선행을 그에게 갚아 주시리라"(잠 19:17). 구제의 목적이 가난한 사람을 돕는 것이므로 구제를 통해서 가난한 사람이 도움을 받으면 그것으로 구제의 목적이 성취된 것입니다. 그런데 유대인들은 가난한 사람을 돕는다는 사실을 사람들에게 널리 알림으로, 자신은 구제를 잘 하는 훌륭한 사람이다 하는 것을 선전했습니다. 이런 선전은 구제의 목적이 아니며 구제와 아무 관련이 없는 일입니다. 그러므로 구제를 하면서 그런 부수 효과를 노리면 안 됩니다. 그런데 유대교 종교 지도자들이 그런 일을 한 것입니다.

이것은 대단히 악한 일입니다. 하나님의 명령을 행하면서 그 일을 통하여 자기의 이익을 챙기려 한 것입니다. 이런 행동은 일단 거룩한 것을 속되게 만든다는 면에서 악한 일입니다. 눈치 빠른 외인들이 이런 일을 보면, 하나님의 일이라는 것이 별것이 아니구나 하는 생각을 할 것입니다. 생각이 있는 사람이라면 종교가 저런 정도라면 굳이 종교를 가질 이유가 없다 하는 결론에 도달할 것이고, 따라서 하나님을 가볍게 여길 것입니다. 이런 악한 결과가 초래됩니다.

다음으로는 그 사람의 선행이 그에게 아무런 상급을 가져다 주지 못합니다. 만약 아무도 모르게 했더라면 그 선행자가 사람에게서는 아무런 상급도 얻지 못할 것입니다. 그러면 하나님께서 그에 대한 상급을 주십니다. 그런데 그 사람이 이미 사람들 앞에 선행의 나팔을 불어서 사람들의 칭찬을 받았다면 그는 이미 받을 것을 다 받은 것입니다. 그러니까 하나님 앞에서는 받을 것이 없습니다. 그의 행동은 하나님의 상급보다는 세상의 상급을 더 크게 생각한 결과이므로 그에 따른 합당한 대접을 받은 것입니다.

이 동일한 원리가 선행, 기도, 금식에 모두 적용됩니다. 선행과 기도와 금식은 모두 각각의 독특한 목적과 기능이 있습니다. 그렇다면 그 기능과 목적에 부합하게 하면 됩니다. 선행의 목적은 어려움에 처한 사람이 도움을 받는 것이므로 그가 도움을 받으면 그것으로 된 것입니다. 굳이 나팔을 불어댈 이유가 없습니다. 기도는 하나님과의 교통이 목적입니다. 그러므로 하나님만 들으시면 됩니다. 그런데 그런 기도를 사람들에게 들으라고 한다면 그것은 불의한 일입니다. 금식도 마찬가지입니다. 하나님 앞에 정말로 간절한 일이 있거나 자기의 죄를 깊이 참회하면서 밥 생각이 다 없어진다면 그것은 귀한 일입니다. 그만큼 하나님 앞에 자신의 진정을 드러내는 행위이기 때문입니다. 그런데 금식을 하면서 자기가 금식한다는 것을 온 동네에 떠벌린다면 그것은 참된 금식을 하는 사람의 심정이 아닙니다. 기도에 대한 주님의 가르침은 이런 배경에서 주어졌습니다.

기도할 때에도 기도 자체의 목적에 충실해야 합니다. 기도는 하나님께 자기 마음의 소원을 아뢰는 행위이므로 오직 하나님하고만 관계하면 됩니다. 기도를 하면서 기도가 다른 사람에게 미칠 어떤 효과를 생각한다면 그것은 참된 기도가 아닙니다. 골방에 들어가 기도하라는 말은 물리적 공간을 문제 삼는 것이 아니라 기도하는 사람의 영혼의 상태를 문제 삼는 것입니다. 많은 사람들 앞에서 공중 기도를 해도 사람은 오직 하나님만을 생각하며 기도할 수 있습니다. 문제는 공간이 아니라 사람의 마음 상태입니다. 기도에 대한 이런 바른 원칙을 가르치신 후에 주님께서는 기도에서 주의할 또 다른 문제를 가르치셨습니다.

이방인의 기도

그것은 하나님 나라 백성의 기도는 이방인의 기도와 달라야 한다는 가르침입니다. 주님께서 이런 가르침을 베푸신 것은, 이것이 하나님의 백성에게 항구적인 문제가 되기 때문입니다. 앞에서 잘못된 기도의 예를 보았습니다. 그런 기도의 근본적인 문제는 그것이 이방인의 기도와 본질상 다르지 않다는 것입니다. 주님께서는 그 중요한 차이를 '이방인과 같이 중언부언하지 말라'는 말씀으로 요약하여 가르치셨습니다. 말은 짧지만 많은 내용을 함축하고 있습니다.

중언부언한다는 것의 기본적인 의미는 쓸데 없이 많은 말을 한다는 것입니다. 이런 기도의 근본적인 문제가 무엇인지를 주님께서 밝혀 주셨습니다. "그들은 말을 많이 하여야 들으실 줄 생각하느니라"(마 6:7하). 다시 말하면 기도하면서 중언부언하는 사람의 마음속에는 무의식적으로 말을 많이 하면 자기의 기도가 효과가 있을 것이라는 생각이 있습니다. 이것이 이방인이 기도하면서 품는 마음입니다. 이런 마음 때문에 그들은 같은 말을 하고 또 합니다.

사람이 이런 생각을 가지고 중언부언한다면 이것은 기도를 듣는 대상에 대한 그들의 이해가 그렇게 생겼기 때문입니다. 그들이 향하여 기도하는 대상은 말을 많이 하면 듣는 존재입니다. 그들이 생각하는 신관이 그렇다는 것입니다. 그러면 왜 한 마디 하는 것보다 열 마디 하는 것이 더 효과가 있으리라 생각할까요? 아마 십중팔구는 한 마다만 하면 성의가 없어 보이지만, 말을 많이 하면 더 성의가 있어 보여서 그럴 것입니다. 정성을 들인 기도가 신의 결정에 영향을 미친다고 생각하기 때문입니다. 자기에게 무엇이 필요한데 신이 그것을 미처 생각하지 못하고 있거나 그것을 줄 계획이 없을지라도 자기가 많은 말로 정성을 들여 기도하면 그 기도가 신에게 어떤 영향력을 행사해서 그것을 주도록 만들 수 있다는 생각입니다. 즉 기도가 신에게 사람의 필요를 생각나게 하든지 신의 마음을 바꾸게 할 수 있다는 것이 이방인들이 생각하는 기도의 효능입니다. 갈멜산에서 바알 선지자들의 기도에 대한 엘리야의 조소에도 그것이 나타납니다. "27 정오에 이르러는 엘리야가 그들을 조롱하여 이르되 큰 소리로 부르라 그는 신인즉 묵상하고 있는지 혹은 그가 잠깐 나갔는지 혹은 그가 길을 행하는지 혹은 그가 잠이 들어서 깨워야 할 것인지 하매"(왕상 18:27).

  정성이 기도의 효과를 높일 것이라는 무의식적인 기대는 기도에 어떤 형태의 고행을 섞으면 더 효과가 있으리라는 생각과 일맥상통하는 데가 있습니다. 우리나라 교회는 새벽기도를 많이 하는 교회로 널리 알려져 있습니다. 하지만 지금은 새벽기도도 점점 약화되는 것으로 보입니다. 과거에 어떤 신학교 교수는 '새벽기도의 신학'이라는 책을 썼습니다. 한국 교회의 성장과 열심의 배후에 새벽기도가 있다는 것입니다. 물론 사람이 아침에 일찍 일어나 하루를 시작하기 전에 마음을 모아 주님께 기도하는 것은 탓할 일이 아닙니다. 하지만 더 자고 싶은 마음을 억누르고 일어나 기도하는 정성이 기도의 효능을 높일 것이라고 생각한다면 이는 원리상 중언부언하는 기도와 다르지 않습니다. 또한 철야기도도 과거 한국 교회에 널리 퍼진 기도였는데, 지금은 이것도 역시 시들해져 가고 있습니다. 피곤한 몸을 이끌고 밤을

새워 기도한다면 그만큼 기도의 효력이 클 것이라는 무의식적인 심정이 있다면 이 역시 중언부언하는 기도와 다르지 않습니다. 아마 금식기도에 대해서도 비슷한 진단을 내릴 수 있을 것입니다. 공자의 말에 '발분망식(發憤忘食)'이라는 말이 있는데, 학문에 뜻을 두면 먹는 것도 잊고 학문에 전념한다는 말을 하면서 쓴 말입니다. 이렇게 하나님 앞에 어떤 부르짖을 일이 있고 간절한 마음이 있어서 식욕조차 일어나지 않는다면 그것은 진정한 금식입니다. 하지만 먹고 싶은 본능을 억누르고 기도하면 기도가 더 효과가 있으리라고 생각해서 금식한다면 이것 역시 중언부언하는 기도와 같은 부류에 속합니다. 오늘날도 어떤 신자들은 절박한 일이나 반드시 응답 받고 싶은 일이 생기면 곧잘 작정을 하고 새벽기도나 철야기도나 금식기도를 합니다. 이런 것들이 자칫 원리상 중언부언하는 기도와 같을 수 있습니다.

이렇게 자기의 정성이 기도에 효과를 더하리라는 생각은 자기의 정성에 상당한 가치를 부여한 결과일 것입니다. 적어도 자기의 정성이 하나님의 마음을 움직일 만큼 능력이 있다는 생각이 은연중에 들어간 것입니다. 하지만 자기 자신이 멸망 받아 마땅한 죄인이고, 오직 하나님의 은혜에 의해서만 살아갈 수 있다고 생각한다면 자기의 정성이 무가치하다고 생각할 것입니다. 자기의 정성은 너무나 무가치하고 무능하여 하나님께 아무런 영향도 끼칠 수 없다는 것을 알아야 합니다. 사람의 정성은 사람의 마음에 만족을 줄지는 모르지만 하나님께는 아무 만족을 주지 못합니다. 물론 신앙이 있는 신자라면 하나님의 일에 대해 당연히 최고의 정성을 기울이겠지만 그것이 하나님께 무슨 영향을 끼치리라는 생각을 할 수는 없습니다. 그러므로 자기의 정성을 들이밀면서 한 말을 또 하고 또 하고 하는 것은 이방인의 기도와 같습니다.

이와 관련하여 어떤 신자들은 방언 기도의 유익을 말하면서 장시간 기도할 수 있어서 좋다고 하는 말을 들었습니다. 그 말을 뒤집어서 말하면, 맨 정신에 또렷하게 말하면 짧은 시간 밖에 기도할 수 없다는 뜻 아닙니까? 그런데 기도는 오래 하고 많이 할수록 좋다고 하니 뜻 모를 이상한 소리를 계속 내면서 시간을 끌겠다는 말인 것 같은데, 그것이 무슨 의미가 있는지 알 수 없습니다. 도리어 자기 마음에 있는 할 말을 또렷하고 간단하게 한 후에 피곤한 몸을 푹 쉬는 것이 온당한 일일 것입니다.

이방인의 기도의 또 다른 문제는 기도를 자기가 원하는 것을 요구하여 얻는 방법으로 생각한다는 것입니다. 중언부언하면서 기도하는 목적이 결국 자기의 원하는 것을 얻겠다는 것입니다. 그것이 부당하다는 것을 지적하신 말씀이 바로 하나님께서 우리에게 필요한 것을 이미 다 알고 계시다는 말입니다. 그러니까 이방인의 기도는 총체적 부실이라고 할 수 있습니다. 그들은 하나님의 뜻을 이루기 위해 기도하는 것이 아니라 자기의 욕심을 이루기 위해서 기도합니다. 게다가 중언부언하면서 자기의 정성을 보여주면 기도가 더 효능을 발휘할 것으로 생각합니다. 대단히 얼토당토 않은 생각입니다. 성경은 그런 기도를 가르친 적이 없습니다.

바른 신관

이렇게 이방인의 중언부언하는 기도에는 그릇된 신관과 동기가 배경에 있으므로, 주님께서도 바른 기도를 가르치시기 전에 먼저 신관을 바로 가져야 할 것을 지적하셨습니다. "8 그러므로 그들을 본받지 말라 구하기 전에 너희에게 있어야 할 것을 하나님 너희 아버지께서 아시느니라"(마 6:8). 이방인은 신을 생각할 때 무엇을 달라고 중언부언하면 주는 존재라고 생각하지만 참 하나님은 그런 신이 아닙니다. 참 하나님은 자녀가 구하기도 전에 이미 자녀에게 필요한 것을 다 아시는 분입니다. 하나님께서 자녀에게 필요한 것을 다 아신다는 말은 그저 이론적으로 알고 계신다는 뜻이 아니라 다 아시고 적절한 때에 적절한 방법으로 주신다는 뜻을 함축하고 있습니다. 그러므로 정성을 쏟으면 더 되는 것도 아니고, 자기가 무엇을 욕심 낸다고 되는 것도 아닙니다. 하나님의 뜻이 나의 욕심과 무관하게 있는 것이므로 그 뜻을 먼저 깨닫고 자기의 모든 욕심을 버리고 그 뜻에 순종할 결심을 먼저 해야 하는 것입니다.

주님의 이 말씀으로부터 우리는 두 가지를 배울 수 있습니다. 첫째, 하나님은 다 아시는 분입니다. 그러므로 기도는 하나님께 우리의 필요를 가르쳐 드리는 수단이 아닙니다. 상대방이 모를 때에는 그에게 말을 하여 가르쳐 주어야 합니다. 그런데 기도의 대상인 하나님께서는 이미 모든 것을 다 아시는 분이십니다. 우리가 아는 것만을 아시는 것이 아니라 우리가 모르는 것도 다 아십니다. 우리가 무엇을 그릇되게 알고 있으면 그 사실까지 다 아십니다. 그러니까 기도는 하나님께 우리의 마음을 알려 주는 것이 아닙니다. 더 중요한 것은 하나님은 우리가 말을 하기도 전에 우리의 마음을 있는 그대로 아신다는 사실입니다. 그러므로 우리가 어떤 것을 원하면, 우리가 그것을 기도로 말씀 드리기도 전에 이미 하나님은 우리가 마음속으로 그것을 원하고 있다는 것을 아십니다. 그렇다면 무엇을 달라는 기도를 왜 해야 하는가 하는 질문이 자연히 떠오릅니다. 기도란 결국 우리 마음을 하나님 앞에 말로 표현하는 행위인데, 우리가 말로 하기도 전에 하나님은 이미 다 알고 계시며 적절한 때에 주시는 까닭입니다.

둘째, 우리의 기도가 하나님의 작정이나 계획을 바꾸게 하지 못합니다. 만약 우리의 기도가 하나님의 계획을 바꿀 수 있다면, 이는 하나님께서 무엇인가 착각하고 있거나 잘못 알고 있는 것을 우리의 기도가 가르쳐 주어 바로 잡아 준다는 이야기가 될 터인데, 하나님은 그런 분이 아닙니다. 이와 관련하여 히스기야의 기도를 오해하지 말아야 합니다(왕하 20장). 거기에 보면 히스기야가 죽을 병에 걸렸을 때 이사야가 와서 죽음을 준비하라는 여호와의 말씀을 전합니다. 그러자 히스기야가 벽을 향하여 눈물로 통곡하면서 기도했고 하나님께서는 그의 기도를 들으시고 그의 수명을 십오 년 연장해 주셨습니다. 이 이야기를 보면 외적으로는 히스기야의 기도를 들으시고 하나님께서 마음을 바꾸신 것처럼 보입니다. 하지만 실제로는 하나님께서 이 모든 과정을 미리 아셨고, 하나님의 계획대로 일을 이루신 것입니다. 그러므로 히스기야의 기도가 하나님의 작정을 바꾼 것은 하나도 없습니다. 도리어 하나님께서 히스기야를 통해서 하고자 하시는 일을 이런 과정을 통해서 이루어 나가셨을 뿐입니다. 성경의 이런 표현을 해석할 때에는 주의해야 합니다.

문제의 발단

신자의 기도를 들으시는 하나님은 이런 신이십니다. 그러므로 신자의 기도는 이방인의 기도와 달라야 합니다. 그런데도 신자의 기도가 이방인의 기도와 원리상 같은 일이 왕왕 발생합니다. 이는 복음이 전파될 때에 성경의 교리들이 충분히 가르쳐지고 기도에 대해서도 잘 가르쳐져야 하는데 그렇지 못했기 때문입니다. 어느 시대 어느 곳에나 종교는 있고 종교가 있으면 어떤 형태의 기도는 항상 있습니다. 그러므로 복음이 전파되는 사회에는 전통 종교가 있게 마련이고, 거기에는 자연히 일정한 신관이 있으며, 그 신관에 따라서 그들이 하던 기도가 있습니다. 그것은 우리나라에서도 마찬가지입니다. 우리나라의 전통 종교는 이른바 유불선이라고 하지만, 동시에 세간에는 조상 숭배와 정령 신앙이 널리 퍼져 있었습니다. 그래서 과거 우리나라에는 집에 귀신들이 아주 많았습니다. 뿐더러 산에는 산신령이 있었고 물에는 물귀신 혹은 용왕이 있었습니다. 사람들은 이 귀신들을 노여워하게 해서 동티가 나면 안 되니까 산에서 무엇을 먹을 때에도 고수레를 먼저 합니다. 만에 하나 신들을 노여워하게 하면 그 노를 풀기 위해서 무당을 불러다 굿을 합니다. 혹은 그런 신들과 접촉하기 위해 깊은 산에 들어가 깨끗한 물에 목욕재계 하고 마음을 집중하여 도를 닦기도 합니다. 이런 일들이 과거 우리나라에 널리 퍼져 있던 전통 종교였습니다. 이런 종교 속에서 사람들은 이방인의 기도를 하면서 지냈던 것입니다. 이것이 무지와 암매의 상태입니다.

그런 사회에 복음이 전파되면 복음은 두 가지 일을 해야 합니다. 첫째, 과거의 전통 종교가 그릇되었음을 분명히 해야 합니다. 그래서 그 잘못과 확실히 결별해야 합니다. 이렇게 과거와 결별하는 것이 얼마나 중요한지를 이스라엘의 역사에서 배울 수 있습니다. "1 네 하나님 여호와께서 너를 인도하사 네가 가서 차지할 땅으로 들이시고 네 앞에서 여러 민족 헷 족속과 기르가스 족속과 아모리 족속과 가나안 족속과 브리스 족속과 히위 족속과 여부스 족속 곧 너보다 많고 힘이 센 일곱 족속을 쫓아내실 때에 2 네 하나님 여호와께서 그들을 네게 넘겨 네게 치게 하시리니 그 때에 너는 그들을 진멸할 것이라 그들과 어떤 언약도 하지 말 것이요 그들을 불쌍히 여기지도 말 것이며 3 또 그들과 혼인하지도 말지니 네 딸을 그들의 아들에게 주지 말 것이요 그들의 딸도 네 며느리로 삼지 말 것은 4 그가 네 아들을 유혹하여 그가 여호와를 떠나고 다른 신들을 섬기게 하므로 여호와께서 너희에게 진노하사 갑자기 너희를 멸하실 것임이니라"(신 7:1-4). 그러므로 이스라엘 백성이 가나안 땅에 들어갈 때에는 원주민을 완전히 멸절해야 했습니다. 이는 두 가지 이유 때문입니다. 하나는 그들의 죄가 멸망을 당할 지경에 도달하여 이제 그 죄로 인한 형벌을 받는 것입니다. 그들은 이스라엘 백성의 손에 의하지 않더라도 이민족의 침입에 의해서든 자연재해에 의해서든 멸망을 당해야 했습니다. 이스라엘 백성은 단지 그 도구로 사용된 것에 불과하므로, 이것을 보고 잘못되었다고 말할 수 없습니다. 다른 하나는 구약 교회의 순결을 위한 조치입니다. 그들이 가지고 있던 전통 종교 때문에 이스라엘 백성이 그들과 섞이면 그들의 영향을 받아 타락할 것입니다. 그러므로 그들을 완전히 멸절하여 순결한 상태로 이스라엘 나라가 출발해야 했습니다. 가나안 일족을 멸하라는 명령은 이런 두 가지 목적을 가지고 있습니다. 그런데 뒤에 여호수아서에 보면 이스라엘 백성은 원주민을 완전히 멸절하지 못합니다. 그 결과가 무엇입니까? "1 여호와의 사자가 길갈에서부터 보김으로 올라와 말하되 내가 너희를 애굽에서 올라오게 하여 내가 너희의 조상들에게 맹세한 땅으로 들어가게 하였으며 또 내가 이르기를 내가 너희와 함께 한 언약을 영원히 어기지 아니하리니 2 너희는 이 땅의 주민과 언약을 맺지 말며 그들의 제단들을 헐라 하였거늘 너희가 내 목소리를 듣지 아니하였으니 어찌하여 그리하였느냐 3 그러므로 내가 또 말하기를 내가 그들을 너희 앞에서 쫓아내지 아니하리니 그들이 너희 옆구리에 가시가 될 것이며 그들의 신들이 너희에게 올무가 되리라 하였노라"(삿 2:1-3). 이 고사는 교회가 순결한 기초 위에 세워져야 한다는 중요한 교훈입니다. 그렇지 않으면 불순한 요소들이 결국 교회의 옆구리에 가시가 되어 교회를 망칠 것입니다. 그러므로 복음은 어느 사회에 들어가든지 그 사회가 과거에 빠져 있던 어둠과 무지에 하나님의 진리의 밝은 빛을 비춰주어야 합니다. 그리하여 그들이 정신을 차리고 과거의 잘못을 끊고 진리의 길로 나와야 합니다. 그 진리 위에 교회가 세워져야 하는 것입니다. 즉 과거와의 완전한 결별이 복음이 어떤 사회에 전파되었을 때에 해야 하는 중요한 일입니다.

둘째, 그 터 위에 교회가 진리를 전파하여 새로운 사회를 세워가야 합니다. 새로운 사회를 세우려면 사람들은 바른 신관을 새로 가져야 하고, 그 터 위에서 기도해야 합니다. 즉 참 하나님은 기도할 때에 말을 많이 하면 더 잘 듣는다는 이교적 생각을 완전히 털어내야 합니다. 그런데 그러지를 못한 결과 오늘날 우리나라 교회에 널리 퍼진 것 같은 기도의 문제들이 발생한 것입니다. 많은 사람들이 우리나라 교회의 문제를 기복 신앙이라고 하는데, 이게 우리나라의 전통 종교였고, 이렇게 기복 신앙이 제거되거나 교정되지 않고 그대로 유지된 결과 기복적인 기도가 만연하게 된 것입니다. 그러니까 교회 내에 이방인의 기도와 같은 기도가 그대로 유지되고 있고, 이것이 교회 내에 깊이 뿌리를 내리고 있어서 교회가 병들어 가는 것입니다.

이렇게 기도하라

　주님께서는 하나님의 백성이 이교적 기도와 완전히 결별하고 새롭게 기도해야 할 것을 이렇게 가르치셨습니다. '그러므로 너희는 이렇게 기도하라.' 앞에서는 버려야 할 기도를 보여주셨습니다. 그것은 이방인처럼 기도하는 것입니다. 이것이 허물어야 하는 기도입니다. 하지만 허물기만 하면 되는 것이 아니라 그 허문 터 위에 바른 것을 세워 나가야 합니다. 그래서 주님께서는 먼저 잘못된 것을 지적하신 후에 '너희는 이렇게 기도하라'는 말씀으로 바른 기도를 세워가십니다.

　'너희는 이렇게 기도하라'는 말씀이 얼마나 복된 말씀인지 헤아릴 수 없을 정도입니다. 이 말씀을 하시는 주님은 바로 우리의 기도를 받으시는 분입니다. 우리의 기도를 받으시는 분께서 친히 이렇게 기도하라고 하셨습니다. 이 말씀은 이렇게 기도하면 내가 듣겠다 하는 뜻입니다. 말하자면 기도의 정답입니다. 이렇게 정답까지 가르쳐 주셨으니 우리는 기도에 대해 이 생각 저 생각하면서 혼돈 가운데 있을 이유가 없습니다. 이렇게 기도하면 주님께서는 반드시 우리의 기도를 들어 주십니다. 우리는 평생 동안 응답 받는 기도 속에 살 수 있습니다. 그러므로 주님의 이 말씀은 우리에게 말할 수 없는 복입니다.

　주님께서는 제자들에게 이렇게 말씀하신 적이 있습니다. "7 너희가 내 안에 거하고 내 말이 너희 안에 거하면 무엇이든지 원하는 대로 구하라 그리하면 이루리라"(요 15:7). 이 말씀이 보여주는 하나의 경지가 있습니다. 그것은 우리가 원하는 것이 하나님의 뜻과 딱 들어맞는 경지입니다. 하나님께서 어떤 뜻을 가지고 계십니다. 즉 이 일은 이렇게 되어야 하고 저 일은 저렇게 되어야 한다는 뜻이 있습니다. 그런데 우리의 마음이 하나님께서 원하시는 것을 그대로 원하는 것입니다. 그러면 우리는 우리가 원하는 것을 기도할 것이고, 하나님께서도 우리가 기도하는 것을 원하시므로 그대로 이루실 것입니다. 그것이 이 말씀이 보여주는 신자의 경지입니다. 그런데 이렇게 되기 위한 조건이 하나 있습니다. 그것이 '너희가 내 안에 거하고 내 말이 너희 안에 거하는' 것입니다. 이런 상태에 있다면 마음이 원하는 것이 하나님의 뜻과 일치할 것이고, 따라서 기도하는 모든 것이 그대로 이루어질 것입니다.

주님께서 여기서 가르치신 기도가 보여주는 것이 그것입니다. 우리가 그리스도 안에 거하고 그리스도의 말씀이 우리 안에 거할 때에 우리가 원하는 것이 바로 여기 주기도문에서 가르친 것이 됩니다. 앞에서 기도를 마음의 소원이라고 했습니다. 마음의 소원을 기도할 때에 그 기도는 정직한 기도입니다. 그것이 마음의 소원이므로 진지하고 무겁기 마련입니다. 그리고 이런 마음의 소원을 가진 사람은 그 소원을 이루기 위해서 한발한발 나가게 됩니다. 주기도문이 가르치는 것이 그것입니다. 우리가 어떤 마음의 소원을 품어야 하는가? 어떤 일이 이루어지기를 정말로 원해야 하는가? 내 인생을 통해서 꼭 이루고 싶은 소원이 무엇인가? 했을 때 신자는 주기도문의 내용이 그 마음의 소원이 되어야 한다고 말씀하시는 셈입니다. 그러니까 이렇게 기도하라고 말씀하신 것입니다. 바꿔 말하면 이것을 소원해야 한다고 말씀하시는 셈입니다. 즉 주님께서는 이런 소원을 품고 사는 사람의 기도를 들으시겠다고 말씀하십니다. 주기도문이 가르치는 이 소원만이 주님께서 기뻐하시는 소원입니다. 왜냐하면 주기도문의 내용이 바로 주님께서 이루어지기를 원하시는 것을 보여주기 때문입니다.

결론

하나님께서는 천국 백성으로 하여금 기도에 대해 암중모색하게 하지 않으셨습니다. 성경 전체의 교훈을 통해서, 특별히 주기도문을 통해서 하나님과 진정으로 교통하는 방법에 대해 가르치셨습니다. 하나님 나라 백성의 기도가 이방인의 기도와 무엇이 어떻게 다른지에 대해서도 명백하게 가르치셨습니다. 그러므로 우리에게는 진리가 환하게 밝혀져 있습니다. 그럴지라도 사람이 그것을 다 제대로 깨닫는 것은 아닙니다. 자기를 부인하지 않거나, 세상에서 행복을 자꾸 추구해 나가거나, 진리를 제대로 배우지 못하면 그릇된 생각 가운데 빠져 있을 수 있습니다. 그러므로 우리는 주기도문을 배울 때에 그 내용을 있는 그대로 배워서 바른 도리를 익히려는 노력을 기울여야 합니다. 자기의 선입견이나, 소망사항을 고집하지 말아야 합니다. 이런 일은 오직 성신님의 도우심과 깨닫게 하심이 있어야 합니다. 그러므로 그렇게 해주시기를 기도해야 합니다. 주님께서는 이렇게 자기의 연약을 깨닫고 진리를 구해 나가는 기도를 반드시 들어 주십니다. 왜냐하면 그것이 주님께서 기뻐하시는 일이기 때문입니다. 그러므로 자신의 힘을 의지하지 않고 하나님의 힘주심을 의지하는 영혼은 기도의 응답을 받으면서 살 것이 확실합니다.

요리문답 주기도 45주

제45주일

116문: 그리스도인에게 왜 기도가 필요합니까?

답: 기도는 하나님께서 우리에게 요구하시는 감사의 가장 중요한 부분이며, 또한 하나님께서는 그의 은혜와 성신을 오직 탄식하는 마음으로 쉬지 않고 구하고 그것에 대해 감사하는 사람에게만 주시기 때문입니다.

117문: 하나님께서 기뻐하시고 들으시는 기도는 어떠한 것입니까?

답: 첫째, 그의 말씀에서 자신을 계시하신 유일하신 참 하나님에게만 그가 우리에게 구하라고 명하신 모든 것을 마음을 다하여 기도합니다. 둘째, 우리 자신의 부족과 비참함을 똑바로 철저히 깨달아 그의 엄위 앞에 겸손히 구합니다. 셋째, 비록 우리는 받을 자격이 없는 자들이지만, 하나님께서 그의 말씀에서 약속하신 대로, 우리 주 그리스도 때문에 우리의 기도를 분명히 들어주신다는 이 확실한 근거를

우리는 가지고 있습니다.

118문: 하나님께서는 그에게 무엇을 구하라고 우리에게 명하셨습니까?

답: 영혼과 몸에 필요한 모든 것인데, 그리스도 우리 주께서 친히 가르쳐 주신 기도에 그것들이 다 담겨 있습니다.

119문: 주께서 가르쳐 주신 기도는 무엇입니까?

답: 하늘에 계신 우리 아버지, 이름이 거룩히 여김을 받으시오며 나라이 임하옵시며 뜻이 하늘에서 이룬 것같이 땅에서도 이루어지이다. 오늘날 우리에게 일용할 양식을 주옵시고 우리가 우리에게 죄지은 자를 사하여 준 것같이 우리 죄를 사하여 주옵시고 우리를 시험에 들지 말게 하옵시며 다만 악에서 구하옵소서. 대개(大蓋) 나라와 권세와 영광이 아버지께 영원히 있사옵나이다. 아멘.

기도에 대한 이 문답은 기도에 대해서 우리가 알아야 하는 요소들을 훌륭하게 요약해서 가르칩니다. 과거 기도에 대해서 배운 내용들을 요약하라고 하면 아마 매우 어려울 것입니다. 그런데 이 문답이 그것을 잘 요약해 줍니다.

기도에 대해서 생각하기 전에 먼저 스스로에게 질문할 것이 있습니다. 우리는 얼마나 기도하고 있으며 얼마나 기도의 응답 속에서 살고 있느냐 하는 것입니다. 이런 문제에서 우리는 다른 사람을 심판하거나 판단할 위치에 있지 않습니다. 사적인 기도는 각 사람이 하나님과 은밀하게 나누는 교제와 대화이기 때문입니다. 그러므로 최후의 판단자는 자기 자신입니다. 기도에 대한 이론을 아무리 많이 알아도 실제로 기도하고 그 결과 신앙의 성장에 도움을 받고 있지 않다면 그 많은 지식이 무용합니다. 그러므로 기도에 대해서 배우기 전에 얼마나 열렬히 기도하면서 살고 있는지를 반성해 보십시다.

기도에 대해서 명상해 볼 때 가장 먼저 깨닫는 사실은 기도할 수 있다는 즐거움입니다. 우리가 기도하면 하나님께서 귀 기울여 들으시고 응답해 주시는 것이 기도입니다. 이런 일은 아무에게나 허용되지 않습니다. 중생에 의해서 하나님의 자녀가 된 사람만이 참으로 기도할 수 있습니다. 그러므로 기도는 특권 중의 특권입니다. 우리가 기도로 하나님과 대화할 수 있다는 것은 말할 수 없는 즐거움입니다.

기도는 다른 어느 누구에게도 할 수 없고 오직 하나님에게만 할 수 있습니다. 기도를 듣고 응답해 주실 수 있는 유일한 분이 하나님이기 때문입니다. 그래서 우리는 오직 하나님만을 의지하고 우리가 원하는 모든 좋은 것들이 오직 하나님에게서만 온다는 것을 깨닫고 하나님에게만 기도합니다.

하나님께 기도하기 위하여 마음을 정하면 우리의 마음은 기도를 들으시는 하나님께 집중합니다. 이것을 가리켜서 하나님 앞으로 나아간다고 말합니다. 하나님께 나아간다는 말은 우리가 물리적으로 어떤 공간을 옮긴다는 말이 아니라 우리의 마음 곧 정신이 하나님께 집중함으로 하나님 앞으로 나아가는 것입니다. 이런 일은 우리가 어디에 있든지 가능합니다. 식사하는 동안에도 우리 정신은 하나님께 집중할 수 있습니다. 휴식을 취할 때에도 우리 정신은 하나님께 집중할 수 있습니다. 무슨 일을 하든지 우리는 정신을 하나님께 집중할 수 있습니다. 이것이 쉬지 않고 기도한다는 말의 뜻입니다. 언제 어디서 무엇을 하든지 항상 우리의 마음이 하나님께 집중하고 있다면 그는 기도를 쉬지 않는 상태에 있다고 할 수 있습니다.

이와 같이 기도에서 우리의 마음을 하나님께 집중하면, 즉 하나님 앞으로 나아가면 하나님이 우리에게 더욱 선명해집니다. 가장 먼저는 하나님이 천지의 창조주와 통치자라는 사실이 선명해집니다. 이렇게 우리가 하나님 앞에 나아가서 하나님을 좀 더 선명하게 느끼면 우리 영혼에서 어떤 일이 발생하겠습니까? 예를 들어서 설명하겠습니다.

우리는 좋은 일이 있으면 기뻐하고 슬픈 일이 있으면 슬퍼합니다. 일이 잘 풀리면 기분이 좋고 잘 풀리지 않으면 기분이 언짢습니다. 아주 자연스러운 일입니다. 이런 일을 경험할 때는 잘 모르지만 기도로 하나님께 나아가 마음을 하나님께 집중하고 하나님이 전능하신 통치자라는 사실을 생생하게 느끼면 그 좋은 일과 슬픈 일이 다른 빛 속에서 보이기 시작합니다. 좋은 일이 단순히 좋은 일이 아니라 하나님께서 나를 사랑하셔서 나에게 주신 일임을 깨닫습니다. 그래서 그 일에 대해서 마음으로 감사하게 됩니다. 뿐더러 이렇게 좋은 일을 주신 하나님의 뜻을 더욱 순종하면서 살아야겠다는 결심을 하게 됩니다. 슬픈 일에 대해서도 마찬가지입니다. 나에게 발생한 일이 아무리 불행이라 하더라도 그 모든 것이 하나님의 전능한 통치 속에서 발생한 일입니다. 그렇다면 그것이 궁극적으로는 하나님께서 자녀를 사랑하셔서 허락하신 일입니다. 자녀의 인내를 훈련시키고 구원의 믿음을 더욱 든든히 세워서 마침내 구원의 완성에 도달하게 하시려고 그런 슬픈 일을 일으키신 것이 분명합니다. 우리를 구원하시려고 선택하신 하나님이라면 모든 일을 통해서 그 일을 이루려 하실 것이 분명합니다. 그래서 심지어 슬픈 일에 대해서까지도 감사하게 되고 위로를 받는 것입니다. 그러므로 우리는 우리에게 닥친 불행을 이렇게 인식하고 슬픔을 극복하고 나아가는 힘을 기도를 통해서 얻습니다. 기도하지 않았을 때에는 그 불행의 힘에 압도되다가도 기도를 하는 동안 그것이 새로운 의미를 가지게 되는 것입니다. 기도 속에서 하나님이 우리에게 선명해질 때에 이런 방식으로 우리가 영적인 유익을 얻습니다.

우리가 기도로 하나님 앞에 나아가 우리의 마음을 토할 때에는 하나님만 분명해지는 것이 아니라 우리 자신도 더욱 분명해집니다. 창조주인 하나님에 대해서 나는 피조물입니다. 그러므로 나라는 존재는 스스로 있지도 않았고 스스로 뭘 할 수도 없는 존재입니다. 오직 창조주이시고 전능한 통치자이신 하나님의 보호와 인도와 힘주심에 의해서만 살아서 무엇을 할 수 있는 존재입니다. 이렇게 해서 무한하신 하나님 앞에 서면 자신이 아주 작고 미약한 존재인 것을 절감합니다. 하나님이 자기에게 분명하지 않을 때에는 자기 힘으로 뭘 할 수 있을 것 같고, 자기 힘으로 스스로 살 수 있을 것 같은 생각을 자기도 모르게 하기 쉽지만 하나님이 자기에게 분명해짐에 따라서 그런 생각이 스르르 없어집니다. 하지만 이렇게 자기가 아무 것도 아니고 아무 것도 할 수 없다는 절망적인 생각으로 끝나는 것이 아닙니다. 그렇게 미약하고 아무 것도 아닌 존재를 하나님께서 사랑하시고 함께 하심을 또한 의식하고 거기서 말할 수 없는 힘을 얻습니다. 나 자신으로는 아무 것도 아니지만 하나님이 함께 하심으로 비로소 나의 존재가 든든한 보장 가운데 있으며 나의 미래는 확실히 보장을 받습니다. 또한 하나님께서 그렇게 나를 보호하신다면 무엇인가 나를 통해서 이루고자 하시는 거룩한 뜻이 있을 것입니다. 그 뜻을 찾고 이루고자 하는 결연한 의지가 또한 일어나는 것입니다.

하나님에 대한 의식이 선명해졌을 때 우리 안에 생기는 또 하나의 의식은 하나님의 거룩성과 도덕적 완전성입니다. 이 의식은 가장 먼저 자신의 더러움을 의식하게 합니다. 우리는 평소에 자신을 그렇게 더럽다고 느끼지 못합니다. 도리어 자기보다 더 더러운 다른 많은 사람에 비해서 그래도 나는 좀 낫다고 생각하기를 좋아합니다. 물론 상대적으로 좀 낫다는 말이 사실일 수도 있습니다. 하지만 기도 속에서 하나님이 더 분명해지고 그의 완전한 의로움이 우리 앞에 선명해지면, 내가 다른 사람보다 그래도 더 낫다는 생각이 싹 사라지고 맙니다. 그것이 도토리 키재기 같은 어리석은 심정이며, 지금 자신이 마주하고 있는 완전히 의로우신 하나님 앞에서 자신이 처한 비참과 더러운 상태만이 선명해집니다. 다른 사람이 이러니저러니 하는 생각 자체가 사라져 버립니다. 이것이 하나님에 대한 의식으로 충만했을 때 반드시 일어나는 현상입니다. 그래서 하나님 앞에 자신의 더러움과 비천함, 그리고 범한 죄악들을 고백하고 용서를 구하게 됩니다. 이것이 반드시 있는 일입니다.

그러나 동시에 우리는 그 하나님에게서 무정한 공의만을 보는 것이 아닙니다. 죄인을 불쌍히 여기시며 죄인이 멸망 받기를 원치 않고 구원을 받기 원하시는 하나님의 신비한 자비를 발견합니다. 이것이 아주 생생해져서 우리는 그 자비에 의지해서 나의 모든 더러움과 비천함과 죄악의 용서를 간구합니다. 의심을 가지고 구하는 것이 아니라 나의 기도를 들으시고 반드시 사하신다는 확신과 함께 구합니다. 그렇게 해서 우리는 사죄의 확신과 그에 따르는 큰 기쁨과 위로를 얻습니다. 이것이 기도에서 발생하는 중요한 일들입니다.

우리의 의식이 하나님으로 가득했을 때 가지게 되는 이런 정신 작용은 우리 마음속에 소중한 감흥을 일으킵니다. 바로 감사입니다. 하나님이 아주 고마운 분입니다. 나에게 이유를 알 수 없는 호의를 베푸시니 감사할 수밖에 없습니다. 이 감사는 자연히 경배로 이어집니다. 이렇게 큰 은혜를 베푸신 전능하신 분 앞에 진정으로 꿇어 절하고자 하는 열망으로 가득해집니다. 그렇게 해서 감사와 경배가 기도의 중요한 요소가 됩니다. 동시에 이렇게 감사하는 사람은 자기의 모든 것이 오직 하나님에게서만 와야 한다는 것을 깨닫고 더욱 열렬히 기도하게 됩니다. 이렇게 되는 것이 기도의 중요한 목적입니다.

우리의 기도는 이렇게 해서 대화가 됩니다. 하나님의 어떠하심은 우리 안에 그에 상응한 어떤 정신 작용을 일으키고, 그 정신 작용의 결과 하나님으로부터 어떤 정신적 자극을 받습니다. 위에서 죽 열거한 것이 그것입니다. 하나님의 주권은 우리의 슬픔과 기쁨에 대해서 어떤 작용을 해서 우리 안에서 새로운 정신 작용을 일으키거나 과거에 없던 정신 현상을 만들어 냅니다. 그와 같은 감흥이나 정신 작용은 기도하지 않았더라면 일어날 수 없었을 것입니다. 그런데 그런 일이 기도 속에서 일어나는 것입니다. 바로 하나님의 신이신 성신께서 우리의 영과 함께 어떤 일을 하시기 때문입니다. 그것을 기도 가운데서 하시는 것입니다. 우리 모두 이런 경험을 하지 않습니까? 그렇다면 하나님과 대화가 이루어진 것이고 정말로 기도한 것입니다. 참된 기도란 굉장히 어려운 것이 아닙니다. 면벽 수도를 적어도 몇 년 동안 해야 비로소 할 수 있는 것이 아닙니다. 하나님의 자녀들이 단순하고 정직한 마음을 가지고 기도로 하나님께 대화의 문을 두드리면 하나님께서 응답하셔서 대화에 응하시는 것입니다. 그렇게 해서 기도가 이루어지고 그런 가운데 우리 영혼은 힘을 얻고 깨달음을 얻어서 더욱 힘있게 살 수 있게 됩니다.

이런 대화는 우리가 어떤 구체적인 필요를 구할 때에도 마찬가지로 이루어집니다. 우리에게는 많은 것이 필요합니다. 그 필요를 어떻게 채울 수 있을까요? 하나님을 알고 자신을 아는 사람은 그 모든 것들이 오직 하나님에게서만 온다는 것을 압니다. 그래서 하나님께 구하게 됩니다. 우리 모두가 항상 경험하는 바이지만 우리에게는 정말로 필요한 것이 있습니다. 바로 성신의 충만과 능력입니다. 하나님의 뜻을 진정으로 행하면서 살기를 원하는 사람이라면 자기가 얼마나 부족한 존재인지 잘 알고 있으므로 성신님께 도우심을 구하지 않을 수 없습니다. 사실 이것을 밤낮 간구하게 됩니다. 또한 사죄의 은혜를 받는 것이 정말로 필요하다는 것을 깨닫게 됩니다. 율법에 자신을 비춰보는 사람이라면 그것이 정말로 필요함을 느끼고 항상 구하게 됩니다. 이런 것들이 전부 영적인 은혜인데 우리에게 항상 필요한 것들입니다. 그래서 신자는 기도 속에서 이런 것들을 구하게 됩니다. 그러면 하나님께서 이런 기도에 대해서 반드시 응답하십니다. 이런 영적인 은사를 구하는 기도에 대해서는 우리가 백 퍼센트 응답을 확신할 수 있습니다. 죄인이 하나님께 나아가 깊이 자책하면서 그리스도의 은혜를 구할 때에 하나님은 거절하는 법이 없습니다. 일흔 번씩 일곱 번이라도 용서하라 하신 하나님이 회개하는 죄인을 용서하지 않으시겠습니까? 또한 하나님의 뜻 행하기를 간절히 원하지만 능력의 결핍을 느껴서 성신의 능력과 충만을 구하는 사람의 기도를 하나님이 듣지 않으시겠습니까? 반드시 들으십니다. 왕이 사신을 보낼 때, 사신이 왕의 뜻을 행하기 위해서 필요한 것을 요구하면 왕은 그 필요를 반드시 공급할 것입니다. 마찬가지입니다. 하나님께서는 우리가 하나님의 뜻을 행하기를 원하시기 때문에 그 뜻을 행하고자 하는 진실한 심정을 가지고 구하는 것을 반드시 주십니다. 그러므로 우리는 이런 영적 은사에 대한 응답을 백 퍼센트 확신할 수 있습니다. 그런 문제에 대해서는 '하나님의 뜻을 따라서 주시옵소서'라고 기도하지 않습니다. 이미 하나님께서 원하시는 것이 분명하므로 주실 것을 확신하는 것입니다. 어떻게 확신합니까? 그것이 하나님의 약속이기 때문입니다.

그런데 우리는 이런 영적 은사만을 구하면서 살지 않습니다. 우리에게는 건강도 필요하고 돈도 필요합니다. 우리는 인간인지라 그런 것들이 있어야 이 세상에서 인간으로 건전하게 살면서 하나님의 백성다운 열매를 거둘 수 있기 때문입니다. 하지만 이런 것들을 구할 때에는 우리가 거기에 조건을 답니다. 우리의 생각에는 그런 것들이 나에게 필요한 것으로 보여서 구하지만 궁극적으로는 하나님의 뜻이 이루어지기를 바랍니다 하는 심정으로 기도하는 것입니다. 왜냐하면 이런 물질적인 문제에 대해서는 영적인 문제만큼의 확실성이 없기 때문입니다. 이런 문제에서는 하나님의 생각과 사람의 생각이 같지 않을 때가 종종 있습니다. 그러므로 물질적인 문제에 있어서는 우리 생각을 백 퍼센트 확신하지 못합니다. 그런 까닭에 어느 만큼 유보하는 심정으로 최후의 결정을 하나님께 맡기고 하나님께서 주시는 것이 내가 구한 것과 꼭 같지 않을지라도 만족하고 감사하기로 결심합니다.

이렇게 기도하는 사람은 백 퍼센트 기도의 응답을 받으면서 사는 것입니다. 그는 영적인 문제에서는 하나님의 뜻을 분명히 알므로 확신을 가지고 기도하고 그 결과 응답을 받아서 영적인 복을 받아 누립니다. 물질적인 문제에 대해서는 역시 하나님의 뜻에 합당한 방법으로 기도하여 하나님께서 주신 것을 받고 그것에 만족하면서 삽니다. 그러니까 그는 항상 기도의 응답을 받으면서 사는 것입니다.

그런데 이렇게 하나님의 응답을 받지 못하는 생활이 있습니다. 이것이 주로 물질적인 면에서 문제가 발생합니다. 즉 자기 생각과 판단을 절대화해서 '이것은 꼭 주셔야 합니다' 하고 고집하는 것입니다. 어떤 사람들은 이것을 믿음 있는 기도라고 하고 끝까지 물고 늘어져서 응답을 받아내고야 말겠다는 각오로 기도해야 한다고 가르칩니다. 이런 생각은 주님의 가르침에 대한 오해에서 기인되는 것입니다. 그들은 성경을 오해해서 성경이 그렇게 가르친다고 생각하고 그렇게 기도합니다. 하지만 그렇게 기도한다고 해서 응답되는 것이 아닙니다. 그렇게 해서 기도가 응답된다고 가르치는 책을 읽고 많은 사람들이 그렇게 기도해도 실제로는 기도한대로 잘 되지 않습니다. 그러니까 다음에는 왜 내 기도가 응답이 안 되느냐 하고 의문을 품고 기도 응답을 받는 방법에 관심을 가지고 찾습니다. 그래서 이번에는 응답 받는 기도의 비결이 또 중요한 주제가 됩니다. 이런 일이라는 것이 다 자기 욕심 때문에 생깁니다. 하나님의 뜻을 절대적으로 생각하고 그 뜻에 자기의 뜻을 완전히 복종시키고 살겠다는 기본적인 태도가 없이 자기 원하는 것을 반드시 받겠다는 태도를 견지하면 기도가 될 리가 없습니다. 그런 기도가 바로 이방인의 기도입니다. 주님께서는 그렇게 기도하면 안 된다는 것을 분명히 가르치셨습니다. "7 또 기도할 때에 이방인과 같이 중언부언하지 말라 그들은 말을 많이 하여야 들으실 줄 생각하느니라 8 그러므로 그들을 본받지 말라 구하기 전에 너희에게 있어야 할 것을 하나님 너희 아버지께서 아시느니라"(마 6:7-8).

우리의 완전한 선지자이신 주님은 하나님의 마음에 합당한 기도가 무엇인지를 가장 잘 아십니다. 그래서 이상적인 기도문을 하나 만들어 그 백성에게 내리셨습니다. 기도란 어떻게 해야 한다는 것, 어떤 기도는 하나님께 가납(嘉納)되고 어떤 기도는 싫어 버림을 당한다는 것을 자세히 가르쳐 주셨습니다. 그리고는 그런 기도의 정신에 가장 합당한 기도문을 우리에게 주신 것입니다. 참으로 감사한 일입니다. 우리가 하나님과 교통하면서 거룩한 은혜를 받는 것이 가장 중요한 일인데, 그 일을 잘 하게 하시려고 이렇게 기도문을 만들어 주신 것입니다. 그것이 우리가 보통 주기도문이라고 부르는 기도입니다.

  이 기도가 이상적인 기도인 것이 분명합니다. 왜냐하면 기도를 들으시는 분이 직접 기도에 대해서 가르쳐 주신 까닭입니다. 그러므로 이것보다 더 훌륭한 기도가 있을 수 없습니다.

요리문답 주기도 46주

15 이로 말미암아 주 예수 안에서 너희 믿음과 모든 성도를 향한 사랑을 나도 듣고 16 내가 기도할 때에 기억하며 너희로 말미암아 감사하기를 그치지 아니하고 17 우리 주 예수 그리스도의 하나님, 영광의 아버지께서 지혜와 계시의 영을 너희에게 주사 하나님을 알게 하시고 18 너희 마음의 눈을 밝히사 그의 부르심의 소망이 무엇이며 성도 안에서 그 기업의 영광의 풍성함이 무엇이며 19 그의 힘의 위력으로 역사하심을 따라 믿는 우리에게 베푸신 능력의 지극히 크심이 어떠한 것을 너희로 알게 하시기를 구하노라
(엡 1:15-19)

앞에서 보았지만 사람들은 여러 가지 방법으로 기도를 합니다. 다른 종교에서도 기도를 하고, 심지어 불신자들도 비록 반드시 종교적인 형식을 취하지는 않을지라도 마음속으로 무엇인가 빌기도 합니다. 일종의 기도입니다. 하지만 그런 기도는 참된 기도가 아닙니다. 또한 기도란 사람이 하나님께 자기의 필요한 것을 알려 주거나 상기

시키는 수단이 아닙니다. 언제 어디서 무엇이 나에게 필요하다는 것을 하나님이 다 아시기 때문입니다. 그러면 하나님은 우리에게 필요한 것을 다 아시니 상기시켜 드리지 않아도 주실 것이고, 하나님께서 주지 않기로 작정하신 것은 아무리 기도해도 주지 않으실 것이니 기도해도 소용 없고, 그렇다면 왜 기도해야 하느냐 하는 의문이 당연히 듭니다. 그런데 주님께서는 그럼에도 불구하고 기도하라 하셨습니다. 즉 우리의 기도가 하나님에게 우리의 필요를 깨우쳐 드리는 것도 아니고 하나님에게서 무엇을 억지로 얻어내는 것이 아니라 할지라도 기도를 해야 한다는 뜻입니다. 그러니까 참된 기도는 이방인의 기도와 같지 않습니다. 즉 무엇인가 자기의 현세적인 필요를 얻어내는 것이 기도가 아닙니다. 그러므로 신자는 이방인과는 전혀 다른 근거와 이유를 가지고 기도해야 합니다. 그 기도가 어떤 기도가 되어야 하며 왜 기도해야 하는지를 가르치기 위해서 주님께서는 기도문 하나를 만들어 주셨습니다. 그것을 보면 왜 기도해야 하는지가 분명해집니다. 그리고 기도가 정말로 하나님을 위한 것이 아니라 우리를 위한 것임을 알게 됩니다. 이 사실을 기억하고 주님께서 가르쳐 주신 기도를 살펴보겠습니다.

제46주일

120문: 그리스도께서는 왜 하나님을 "우리 아버지"로 부르라 명하셨습니까?

답: 그리스도께서는 기도의 첫머리에서부터 우리 마음에 하나님께 대하여 어린아이와 같은 공경심과 신뢰를 불러일으키기를 원하셨

는데, 이것이 우리의 기도의 기초입니다. 하나님께서는 그리스도로 말미암아 우리 아버지가 되셨으며, 우리가 믿음으로 구하는 것에 대해서는 우리 부모가 땅의 좋은 것들을 거절하지 않는 것보다 훨씬 더 거절하지 않으실 것입니다.

121문: "하늘에 계신"이라는 말이 왜 덧붙여졌습니까?
답: 하나님의 천상(天上)의 위엄을 땅의 것으로 생각지 않고, 그의 전능하신 능력으로부터 우리의 몸과 영혼에 필요한 모든 것을 기대하도록 하기 위함입니다.

주님께서 기도를 가르치셨다는 것은 중요한 의미를 가집니다. 참된 기도를 드리기 위해서는 기도가 무엇인지, 무엇을 어떻게 구해야 하는지를 알아야 한다는 것입니다. 참 하나님께 드리는 기도는 이 세상의 일반 종교에서 드리는 기도와 다른 차원의 일입니다. 그래서 그것을 새로 배워야 합니다. 배우지 않으면 이방인처럼 기도하고 말 것입니다. 또한 기도에 대해서 배워야 한다는 것은 기도가 우리를 진리로 이끄는 수단이라는 것을 암시합니다. 이렇게 기도에 대해서 배우고 그 배운 바를 기도 속에서 실행하는 이 전체 과정이 실은 중요한 교육 과정입니다. 여기에 기도의 참된 뜻이 있습니다. 이렇게 기도하는 가운데 사람은 진리를 깨닫고 확신하고 신앙의 힘을 얻게 됩니다. 그러므로 주기도문을 통해서 우리는 기도가 무엇이며 무엇을 어떻게 기도해야 하는지를 배움으로써 하나님에 대해서 우리 자신에 대해서 세계에 대해서 더욱 풍부한 진리를 터득하게 됩니다.

다음으로 가장 먼저 알아야 하는 것이 우리의 기도를 들으시는 대상과 우리의 관계입니다. 이 관계가 먼저 확립되지 않으면 기도를 통한 바른 대화가 이루어지지 않을 것입니다. 이 바른 관계를 가르치기 위해서 주님께서는 우리가 기도할 때에 기도의 대상을 어떻게 이해하고 있어야 하는지를 가장 먼저 가르치셨습니다. 그것은 '하늘에 계신 우리 아버지'라는 호칭입니다.

기도자가 기도할 때에 자기의 기도를 들으시는 대상인 하나님을 어떤 분으로 생각해야 하느냐 하면 '아버지'로 생각해야 한다고 주님은 가르치셨습니다. 이 가르침에는 두 가지 상념이 포함됩니다. 첫째, 하나님의 자녀가 아닌 사람 곧 중생한 적이 없는 사람은 하나님께 참으로 기도하지 못한다는 것을 가르칩니다. 중생하지 않은 사람이 기도한다고 할 수는 있겠지만 하나님은 그런 기도를 듣지도 않으시며, 그런 기도는 이방인의 기도로 끝나고 말 것입니다. 참된 기도는 오직 자녀만이 할 수 있는 특권입니다. 둘째, 중생한 사람의 경우에도 기도로 하나님께 나아갈 때 하나님에 대해서 품어야 하는 상념은 아버지라는 것입니다. 이것을 먼저 기억하십시다. 참된 기도는 자녀만이 하는 것이고, 기도하는 사람은 하나님을 아버지로 생각하고 기도해야 합니다.

그러면 어떤 면에서 아버지로 생각하라는 뜻일까요? 거기에 하나님의 자녀가 품어야 하는 중요한 두 가지 상념이 있습니다. 하나는 공경심이고 다른 하나는 친밀감입니다. 먼저 공경심에 대해서 보면, 아버지는 나의 친구가 아닙니다. 물론 아버지에게 친구 같은 측면이 있기는 합니다. 심지어 주님도 우리를 친구라고 부르신 적이 있습니다. "내가 내 친구 너희에게 말하노니 몸을 죽이고 그 후에는 능히 더 못하는 자들을 두려워하지 말라"(눅 12:4). 그러나 그렇다고 해서 주님이 곧 우리의 친구가 아닌 것처럼 아버지도 친구와 같은 면이 있기는 하지만 아버지가 곧 친구는 아닙니다. 자녀의 아버지이기를 포기하고 오직 친구가 되려고 노력한 어떤 사람의 자녀가 뒤에 아주 반항적이고 버릇 없는 아이가 되는 것을 보았습니다. 자녀와 친구 같은 친밀감을 나누는 것과 정말로 친구가 되는 것은 다릅니다. 아버지는 항상 자녀에게 어른입니다. 자녀가 아무리 나이를 먹어도 아버지는 여전히 어른입니다. 그러므로 아버지는 공경의 대상입니다. 육신의 아버지에 대해서 그런 심정을 품어야 한다면 하나님 아버지에 대해서는 얼마나 더 공경의 마음을 품어야 하겠습니까? 주님께서 하나님을 아버지라 부르라 하신 것은, 기도로 하나님께 나아갈 때 하나님을 공경하는 심정을 품게 하기 위함입니다.

그러나 동시에 아버지는 우리에게 친밀한 분입니다. 세상에서 우리를 가장 잘 알고 우리를 사랑하며 우리에게 모든 필요한 것을 공급하는 분입니다. 현실에서는 아버지가 이렇지 않은 경우들이 있습니다. 아버지가 죄 있고 부족한 인간이기 때문입니다. 그러므로 사람들이 아버지에 대해서 느끼는 친밀감의 정도는 사람마다 다를 수 있습니다. 하지만 그렇다고 해서 아버지가 마땅히 어떤 분이어야 한다는 관념조차 없는 것은 아닙니다. 특히 어린아이일수록 아버지는 친밀하고 든든한 분입니다. 필요한 것이 있으면 아버지에게 달라고 합니다. 위험하면 아버지에게 피신합니다. 아버지가 함께 있으면 마음이 든든합니다. 어린아이가 아버지를 의지하는 이 심정은 거의 본능적입니다. 지금 그리스도께서는 하나님을 아버지라고 부르라 하시면서 바로 이런 심정을 가리키십니다. 그 앞에 나아가 무엇이든지 호소할 수 있고 무슨 문제에 대해서도 의지할 수 있는 분, 그리고 내가 가지고 가는 모든 문제에 대해서 가장 지혜로운 해답을 가지고 계실 뿐 아니라 나를 위해서 즐겨 그 해답을 제공하시고 나의 문제를 해결해 주시는 분, 이렇게 나에 대해서 선의와 사랑을 가지신 친밀한 분으로 알아야 함을 가르치기 위해서 하나님을 아버지라고 부르라 하셨습니다.

그런데 사정을 좀 더 깊이 알면 하나님을 아버지라 부를 수 있는 것이 말할 수 없이 감사한 일임을 깨닫게 됩니다. 이는 우리가 양자라는 사실 때문입니다. 창조주 하나님에 대해서 등을 돌리고 떠난 모든 사람은 진노의 자녀가 되었습니다. 하나님의 자녀가 아닌 자들이 된 것입니다. 그런 자들을 하나님께서 다시 자신의 자녀로 삼으셨습니다. 자녀 아닌 자를 자녀로 삼는 것을 가리켜서 입양이라고 합니다. 우리가 양자가 된 것입니다. 하나님의 자녀가 아닌 진노의 자녀를 입양하기 위해서 하나님은 자신의 친아들을 희생제물로 삼으셨습니다. 이렇게 되어 하나님의 친자인 예수 그리스도로 말미암아 우리가 하나님의 자녀로 입양된 것입니다. 그래서 우리가 비로소 하나님을 아버지라 부를 수 있게 되었습니다. 우리가 하나님을 아버지라 부를 수 있게 된 것 자체가 굉장한 혜택을 입은 결과입니다. 그러므로 하나님을 아버지라 부를 때에 우리는 자연히 마음속으로 깊은 감사의 심정을 품게 됩니다.

기도로 하나님께 나아갈 때에도 이런 공경심과 친밀감, 또한 의지하고 감사하는 심정을 품어야 한다는 것을 가르치기 위해서 주님께서는 하나님을 아버지라고 부르라 하셨습니다. 하나님에 대한 이런 심정이 기도하는 사람에게 반드시 필요합니다. 사람이 이런 심정을 품고 하나님께 나아가야 비로소 하나님과 관계가 형성되고 하나님의 음성을 들을 수 있게 되는 까닭입니다. 하나님을 가볍게 생각하는 사람에게는 하나님의 마음이 전달되지 않습니다. 하나님을 친밀하게 느끼고 신뢰하지 않는 사람에게도 마찬가지입니다. 그런 사람은 하나님과 교제를 형성하지 못합니다. 그러니까 아무리 기도의 형식을 취해도 별 소용이 없습니다. 기도란 결국 자녀가 마음속으로 공경하고 신뢰하고 사랑하는 아버지에게 나아가 자기 마음을 토로하는 것입니다. 이것이 진정한 기도의 시작입니다. 그것을 '아버지'라는 호칭에서 배울 수 있습니다.

다음으로 주목할 표현이 '우리'라는 표현입니다. 이것을 '나의'라는 표현과 대비시켜 보아야 합니다. 주님은 '나의 아버지'라 부르라 하지 않으시고 '우리 아버지'라 부르라 하셨습니다. 이 말은 기도로 하나님께 나아가는 사람은 자신을 하나님의 여러 자녀 중 하나인 위치에 두어야 한다는 뜻입니다. 기도할 때에 자신과 똑같은 심정으로 하나님께 나아가 하나님을 아버지라 부르는 많은 사람들과 함께 자신도 기도하는 모습을 마음속으로 그리라는 뜻입니다. 신자는 단독자로 하나님 앞에 서지 않습니다. 이것이 기도의 중요한 정신입니다. 자신은 '우리'의 일부가 되어 하나님께 나아갑니다. 하나님은 '나의' 기도를 들으시는 것이 아니라 '우리의' 기도를 들으십니다. 그래서 '우리' 아버지이십니다. 그렇다면 그 '우리'에 대해서 내가 어떤 태도를 취해야 하는지를 알 수 있습니다. 마음속으로 그 '우리'를 친근히 생각하고 사랑하는 심정이 없이 '우리'라고 말한다면 그것은 거짓입니다. 그렇다면 기도할 수 있는 마음의 근거가 형제에 대한 사랑입니다. 이 사랑이 없다면 '우리'라는 말이 의미가 없습니다. 형제에 대한 사랑이 없는 기도는 하나님께 상달되지 않습니다. 주님은 이 진리를 가르치시려고 하나님을 부를 때에 '나의 아버지'라고 부르라 하지 않고 '우리 아버지'라 부르라 하신 것입니다. 이 원리를 주님께서 생생한 말로 가르치셨습니다. "23 그러므로 예물을 제단에 드리려다가 거기서 네 형제에게 원망 들을 만한 일이 있는 것이 생각나거든 24 예물을 제단 앞에 두고 먼저 가서 형제와 화목하고 그 후에 와서 예물을 드리라"(마 5:23-24). 동시에 이 호칭은 기도가 '우리'를 세우고 든든히 하는 일에 부합해야 함을 가르칩니다. '우리' 곧 하나님을 진정으로 아버지라 부르는 다른 사람들과의 관계를 더욱 돈독하게 하는 내용이 아니라면 기도하면 안 됩니다. '우리'의 관계를 허무는 기도는 하나님께서 기뻐하시는 기도가 아닙니다. 기도의 대상을 '우리 아버지'라 부르라 하신 데에 이런 뜻이 있습니다.

이것과 관련하여 현대인을 크게 오도하는 그릇된 세계관 한 가지를 거론하지 않을 수 없습니다. 저는 그것을 '자아집착증'이라고 부르겠습니다. 항상 모든 것을 '나'와 연결시키고, '나'를 찾고 '나'를 세우고, '나'를 가치롭게 하는 것이 가장 중요하다는 생각입니다. 이것이 하나의 세계관이 되어 있으면 그 안에 사는 사람은 자기가 그렇게 하고 산다는 것을 의식도 하지 못하면서 항상 '나'에게 사로잡혀 벗어나지를 못합니다. 어떤 시대에 사는 사람들은 세상은 항상 지금 자기가 경험하고 있는 세상이려니 생각하기 쉽습니다. 하지만 역사를 보면 사회 전체를 휩쓸고 있는 '나'에 대한 이 병적인 집착은 비교적 새로운 현상입니다. 물론 죄인인 인류는 항상 '나'를 중심으로 삼는 경향이 있습니다. 나를 중심에 놓는 것의 문제는 하나님을 중심에 놓지 않는다는 것입니다. 이런 경향은 타락한 인간에게 항상 있습니다. 하지만 오늘날처럼 대규모적으로, 철학적으로 '나'를 중시하고 '나'를 모든 것에 노골적으로 중심에 놓지는 않았습니다. 오늘날 많은 청소년들, 혹은 어떤 성인들에게서 발견되는 이해할 수 없는 행동에 이 자아집착이라는 병적인 문제가 있습니다. 참된 자아를 찾는 길은 자아를 끊임없이 붙잡고 씨름하는 것이 아니라 그 자아가 죽는 것입니다. 우리 주님은 하나님을 '나의' 아버지라 부르라 하지 않고, '우리' 아버지라 부르라 하셨습니다. 이는 '우리' 안에서 비로소 참된 '나'를 찾기 때문이기도 합니다.

다음으로 '하늘에 계신'이라는 표현을 보겠습니다. 이 말은 하나님이 어디에 계신다는 장소를 강조하는 말이 아닙니다. 도리어 하나님이 어떤 분이신가를 말하는 표현입니다. '하늘에 계신'이라는 말은 '하나님이 어느 곳에 계십니까?'라는 질문에 대한 답이 아니라 '하나님이 어떤 분이십니까?'라는 질문에 대한 답입니다. '철수가 어디 있니?'라는 질문에 대해서 '철수는 도서관에 있어'라고 말할 수 있습니다. 혹은 '철수가 어떤 아이니?'라는 질문에 대해서 '걔는 언제나 도서관에 있어'라고 우회적으로 말할 수 있습니다. 이 말은 철수가 지금 어디에 있다는 사실을 말하는 것이 아닙니다. 철수가 어떤 아이인지를 말하는 것입니다. 여기 '하늘에 계신'이라는 말의 뜻이 그것입니다. 우리가 향해서 기도하는 우리 아버지가 어떤 분이신가 하면, 그 분은 '하늘에 계신' 분이라는 말입니다.

사람은 이 문제를 오해할 수 있습니다. 최초의 우주인인 러시아의 유리 가가린이 우주에 올라가서 '여기서 보니 하나님이 없다.'고 말한 것으로 알려졌습니다. 하지만 이것은 그가 한 말이 아니라 뒤에 흐루시쵸프가 지어낸 말인 것으로 드러났다고 합니다. 어쨌든 '하늘에 계신'이라는 말을 하나님이 거처하시는 공간을 의미하는 말로 오해할 수 있습니다.

　우리가 기도로 나아가는 하나님은 우리 아버지인데 하늘에 계신 분입니다. 그는 땅에 속한 분이 아니라 아주 높은 곳에 계신 분입니다. 우리는 높은 곳을 볼 때는 올려다 보아야 합니다. 하나님은 우리가 높이 우러러보아야 하는 분입니다. 그래서 하늘에 계신 아버지에게 나아갈 때 우리는 마음의 매무새를 고치지 않을 수 없습니다. 이것은 자연스러운 일입니다. 사람은 높은 사실을 대할 때, 곧 땅의 일이 아닌 하늘의 일을 대할 때 마음에 숭엄함과 두려움을 느낍니다. 그래서 평소에 품던 마음을 그대로 유지하는 것이 아니라 새로운 마음을 품습니다. 주님께서는 기도자가 이런 마음을 품게 하려고 아버지를 부를 때에 '하늘에 계신' 우리 아버지라 부르게 하셨습니다. 그러므로 우리는 기도할 때에 높은 분을 대하는 숭엄한 마음으로 나아가도록 합시다.

　뿐만 아니라 하늘에 계신 우리의 아버지는 능하신 분입니다. 땅을 초월하여 높이 계시되 그냥 높이만 계시는 것이 아니라 땅의 일들을 다 굽어 보십니다. 이것을 가리켜서 한자어로 '하감(下瞰)한다'는 말을 씁니다. 하나님은 높은 곳에서 땅의 일들을 하감하시는 분입니다. 특히 자녀들의 사정을 하감하시는 분입니다. 아주 높은 곳에 계시므로 낮은 곳의 일을 다 보실 수 있습니다. 그런데 하감만 하시는 분이 아닙니다. 어떤 사람들은 하나님의 존재를 믿고 높이 계심을 믿으며 하감하심을 믿습니다. 그들의 문제는 여기까지만 믿는다는 것입니다. 이렇게 믿는 것을 가리켜서 자연신론 혹은 이신론이라고 합니다. 하나님은 세상이 어떤 방식으로 돌아가게 하는 데까지만 관여한다는 생각입니다. 이것은 무신론은 아닌 것이 분명합니다. 하지만 성경이 가리키는 하나님은 아닙니다. 신자는 이것을 주의해야 합니다. 과거 교회의 역사를 보면 사람들이 무신론으로 넘어갈 때에 어느 날 갑자기 유신론자가 무신론자가 되지 않았습니다. 유신론자였다가 이신론자를 거칩니다. 하나님은 존재하시고 세상을 이렇게 굴러가게 하신다는 것까지 인정합니다. 그런데 여기서 그칩니다. 그 하나님이 친히 나의 생활과 이 세상의 모든 일들을 직접적이고 능동적으로 통치하신다는 생각을 하지 않습니다. 그러니까 기도할 필요를 느끼지 않고 결국 기도하지 않습니다.

우리 아버지가 하늘에 계신다는 것은 그런 뜻이 아닙니다. 하늘에서 땅의 모든 일을 그냥 하감하면서 '아 저기서 저런 일이 벌어지고 있구나' 하고 무심한 얼굴을 하고 있는 분이 아닙니다. 하감하실 뿐 아니라 친히 관여하십니다. 가장 의롭고 공평하고 자비하신 방법으로 관여하십니다. 이 세상의 일들에 대해서 하나님은 직접 관여하여 어떤 변화를 만들어 내시고 일을 이루십니다. 사랑과 공의의 원칙에 따라서 모든 일들을 이루시는 분입니다. 그러므로 하늘에 계신 우리 아버지를 향한 기도는 효력이 있습니다. 단순히 효력이 있는 것이 아니라 굉장한 효력이 있습니다. 우리의 기도를 들으시는 그 아버지가 땅에 속한 분이 아니라 하늘 곧 높은 곳에 계신 능력이 많으신 분이기 때문입니다.

우리는 하늘에 계신 우리 아버지께서 이렇게 세상을 하감하시고 친히 관여하시며 통치하신다는 믿음을 위협하는 많은 요소들 속에 살고 있습니다. 우선 과학적 세계관이 있습니다. 우리의 오감에 잡히는 것들 곧 물질만이 실재하며, 실재하는 모든 것에 대해서는 과학적 설명이 가능하다는 이 생각은 과학이 아니라 이데올로기입니다. 이런 이데올로기에 의해서 종교는 망상이 되고 기도는 불필요한 일이 됩니다. 하지만 참된 과학은 그런 말을 하지 않습니다. 과학은 오직 실험과 반복이 가능한 물질적인 현상을 관찰하고 실험하여 물질은 이런 법칙에 의해서 움직인다고만 말해야 합니다. 그것이 과학입니다. 그런데 과학이 자기의 범위를 넘어서 신의 존재나, 세상의 기원 같은 문제에 답을 주려 하면 과학이 아주 주제넘은 일을 하는 것입니다. 과학자가 그런 말을 한다 하더라도 그것은 과학이 아니니 혼동하지 말아야 합니다.

다음으로 사람으로 하나님을 신뢰하지 못하고 기도하지 못하게 하는 큰 문제가 이 세상의 불의 문제입니다. 많은 사람들이 이것 때문에 하나님을 믿지 못하고 따라서 기도하지 못한다고 말합니다. 하지만 세상에 불의가 있다고 해서 하늘에 계신 우리 아버지의 능력과 통치에 대해 의심할 필요는 없습니다. 우리가 불의라고 느끼는 많은 것들이 실은 공의의 통치의 결과인 까닭입니다. 세상에서 어떤 사람들이 고통을 당하는 이유는 그들이 고통을 당해야 하기 때문일 경우가 많이 있습니다. 고통을 당하는 많은 사람들이 자기는 잘못이 없이 억울하게 고통 당한다고 생각하고자 합니다. 하지만 성경은 그렇게 말하지 않습니다. 많은 경우에 사람은 자기의 악 때문에 고통을 당합니다. 우리 모두는 이런 가르침을 인정하려 하지 않으려고 합니다. 자신의 죄성을 인정하지 않으려는 강한 경향을 가지고 있기 때문입니다. 그래서 그것을 인정한다는 것은 쓴 약과 같습니다. 하지만 삼켜야 합니다. 그래야 병이 낫습니다. 악에 대한 하나님의 심판은 죽은 후에만 임하는 것이 아닙니다. 이 세상에서도 여전히 임합니다. 그러므로 세상에서 사람들이 당하는 고통은 대부분 스스로 자초한 것입니다. 암매하고 탐욕스러운 지도자를 뽑아 놓고 고통 당하는 사람들은 억울하게 고통 당하는 것이 아닙니다. 자기들이 심은 씨의 열매를 거두는 것입니다. 노년에 병으로 신음하는 많은 사람들은 억울하게 고통 당하는 것이 아닙니다. 청년의 때에 방탕과 과식, 불규칙한 생활과 운동부족 같은 악의 원인을 심은 결과 늙어서 그만큼 더 고통을 당하는 것입니다. 혹은 사람이 진리를 부지런히 찾지 않고 그릇된 사상을 품은 결과 혹은 어리석은 욕심을 품은 결과 고통을 자초하기도 합니다. 이와 같이 세상의 많은 고통은 하나님의 잘못이 아닙니다. 악인이 자기 잘못으로 인해서 고통을 당할 뿐입니다. 이것이 분명한 성경의 교훈임에도 불구하고 오늘날 어떤 휴머니스트들은 이런 가르침에 극도의 혐오감을 보입니다. 그 결과 그들은 고통의 문제에 대해서 비현실적이 되고 낭만적이 됩니다. 그러나 우리는 현실을 직시해야 합니다. 많은 고통은 악인들이 자신의 악에 대한 정당한 대가를 받는 것입니다.

하지만 이것으로 고통의 문제가 해결되는 것은 아닙니다. 어떤 사람들은 이유를 알 수 없는 고통을 당합니다. 하지만 이유를 알 수 없는 고통이라는 말에 대해서 주의해야 합니다. 욥의 경우를 보십시다. 욥은 알 수 없는 이유에 의해서 극심한 고통을 당했습니다. 욥은 그 고통의 이유를 가르쳐 달라고 하나님께 호소합니다. 욥은 자신이 완전한 의인이라고 생각지는 않았습니다. 단지 하나님의 공의에 비춰볼 때, 자기보다 훨씬 악한 다른 사람들에게 임하지 않는 극단적인 고통이 자기에게 임하는 이유를 욥은 이해할 수 없었습니다. 하지만 뒤에 하나님을 대면하고서 욥은 입을 다물었습니다. 욥의 최후의 태도가 무엇이었습니까? "내가 스스로 거두어들이고 티끌과 재 가운데에서 회개하나이다"(욥 42:6)였습니다. 욥은 비로소 실상을 깨달은 것입니다. 그 실상은 자기가 과거에 누린 것이 과분한 대우였다는 것입니다. 그것이 자기의 권리가 아니었다는 것입니다. 과거에 누리던 부와 평안이 자기에게 과분한 것이었고, 그런 것들을 빼앗긴 후에 당하던 고통이 바로 자기에게 정당한 몫이었다는 사실입니다. 그것을 깨달은 것입니다. 그 인식에 도달한 욥은 비로소 지금까지 하나님을 향한 항거가 얼마나 터무니없는 일이었는지를 깨달았습니다. 그리고 자기의 참된 위치 곧 티끌과 재 가운데 앉아 자기의 죄를 회개한 것입니다. 그러므로 엄밀하게 말하면 죄인에게 있어서 억울한 고통 혹은 이유 없는 고통은 없습니다. 하나님은 죄인에게 행복을 주어야 하는 의무를 지지 않습니다.

홍수 후에 하나님의 선언이 이것을 보여줍니다. 노아의 홍수는 죄 있는 인류에게 마땅히 돌아가야 하는 몫을 돌린 것입니다. 인류는 하나님의 의로운 판단에 의해서 멸망 당해야 할 악에 빠진 자들입니다. 그러므로 의로운 심판에 의해서 다 멸망 당해야 했습니다. 이것은 지금 인류도 마찬가지입니다. 그래서 하나님은 이 인류를 멸망시키려는 자신의 의로운 행동을 억제하기 위해서 언약을 세우시고 그 언약의 징표로 무지개를 만드신 것입니다. 그 무지개를 볼 때마다 이 악한 인류를 멸망시키지 않겠다는 자신의 결심을 새롭게 하시겠다는 것입니다. 물론 이것은 모두 신인동정적 표현입니다. 이 신인동정적 표현에서 배워야 하는 것이 있습니다. 하나님의 마음속에는 언제든지 이 인류를 다시 멸망시키고자 하는 의로운 분노가 항상 일어난다는 점입니다. 그것이 인류의 상태이고 우리 각 사람의 상태입니다.

이와 같이 우리가 생명을 유지하고 있으면서 이만한 생활을 하고 있다는 것 자체도 과분한 대우를 받는 것입니다. 그러므로 온 인류는 하나님께 이렇게 말해야 합니다. '우리는 지금 하나님으로부터 이런 햇빛과 비를 받을 자격이 없습니다, 도리어 우리는 그런 모든 것을 박탈 당하고 영원한 형벌을 받고 있는 것이 마땅합니다. 그런데 그렇게 하지 않으시고 우리를 불쌍히 여기셔서 이런 혜택을 주시니 참으로 감사합니다.' 이것이 인류가 하나님을 향해서 해야 하는 마땅한 말입니다. 신자도 여기서 배워야 합니다. 이 인류는 하나님의 원수입니다. 그럼에도 불구하고 하나님은 그들에게 햇빛과 비를 주시면서 살게 하십니다. 신자도 이렇게 해야 합니다. 하나님의 원수로 행하는 사람들은 신자에게도 원수입니다. 하지만 악인에게 햇빛과 비를 주시는 하나님의 자비를 배워서 신자도 그렇게 해야 합니다.

완전히 멸망 당해야 하는 인류를 존속시키는 것은 그들에게 회개의 기회를 주어 생명으로 들어오게 하기 위함입니다. 그래서 사도 바울은 "혹 네가 하나님의 인자하심이 너를 인도하여 회개하게 하심을 알지 못하여 그의 인자하심과 용납하심과 길이 참으심이 풍성함을 멸시하느냐"(롬 2:4)라고 질문합니다. 그러므로 오늘이라고 하는 동안, 기회가 있을 때에 사람은 회개하고 자기에 대한 일체의 헛된 권리 의식을 버리고 하나님께 돌아와 그의 자비와 사랑을 감사해야 합니다. 사람이 무엇이라고 하나님을 향하여 자기의 권리를 주장하겠습니까?

세상은 그렇다 치고 하나님의 자녀는 어떠해야 할까요? 자녀는 아버지의 선의에 대한 깊은 믿음을 가지고 있습니다. 하늘에 계신 우리의 아버지는 우리가 정말로 잘 되기를 원하시는 분입니다. 자녀에 대해서 말할 수 없는 사랑과 선의를 가지신 분입니다. 나에게 가장 필요한 것을 가장 적절할 때에 주시고, 나와 관련된 모든 일들을 기묘한 손으로 배열하고 조정하여 하나님 자신의 영광을 드러내고 우리에게 영생과 유익이 되게 하시는 분입니다. 이것을 우리는 굳게 믿을 수 있습니다. 우리가 역경 속에 있든지 순경 속에 있든지 마찬가지입니다. 그렇게 믿지 않을 수 없는 생생한 증거가 우리 앞에 있습니다. 그것은 자기 아들을 아끼지 아니하시고 우리 모든 사람을 위해 내어 주신 것입니다. 하나님이 자기 자녀를 사랑하시고 무한한 복을 주고자 하시는 분임을 의심할 수가 없습니다. 그러므로 우리 모두 하늘에 계신 우리 아버지의 선의와 사랑을 믿으십시다. 그 앞에 나아가 우리의 마음을 진실하게 토할 수 있으며 자녀의 그런 기도에 대해서 반드시 응답하시는 사실을 굳게 믿으십시다. 이렇게 믿고 기도하는 자녀를 하나님은 결코 실망시키지 않으십니다. 무엇보다 성신의 충만을 구하십시다. 참된 자유와 자연스러움에 도달하는 유일한 길은 신령함, 곧 성신의 충만함입니다. 우리가 추구하는 자유는 죄의 노예상태로부터의 해방, 옛 사람으로부터의 해방을 가리키는 말입니다. 우리가 말하는 자연스러움은 하나님을 믿는 생활에서 외식이나 형성주의(formalism)에 빠지지 않고 자기 안에서 율법이 이루어짐에 따라서 종교 생활이 자연스러워지는 것을 가리킵니다. 이 두 가지 위대한 기독교의 덕성은 오로지 신령함 즉 성신의 능력과 충만에 의해서만 이루어집니다. 하늘에 계신 우리 아버지는 구하는 자에게 반드시 성신을 보내주시는 분입니다. 그러므로 하나님을 굳게 믿고 성신의 충만을 구하여 신자로서의 덕성을 구유하고 그리스도 안에서 하나님께 기쁨을 드리십시다.

요리문답 주기도 47주

6 보좌 앞에 수정과 같은 유리 바다가 있고 보좌 가운데와 보좌 주위에 네 생물이 있는데 앞뒤에 눈들이 가득하더라 7 그 첫째 생물은 사자 같고 그 둘째 생물은 송아지 같고 그 셋째 생물은 얼굴이 사람 같고 그 넷째 생물은 날아가는 독수리 같은데 8 네 생물은 각각 여섯 날개를 가졌고 그 안과 주위에는 눈들이 가득하더라 그들이 밤낮 쉬지 않고 이르기를 거룩하다 거룩하다 거룩하다 주 하나님 곧 전능하신 이여 전에도 계셨고 이제도 계시고 장차 오실 이시라 하고 9 그 생물들이 보좌에 앉으사 세세토록 살아 계시는 이에게 영광과 존귀와 감사를 돌릴 때에 10 이십사 장로들이 보좌에 앉으신 이 앞에 엎드려 세세토록 살아 계시는 이에게 경배하고 자기의 관을 보좌 앞에 드리며 이르되 11 우리 주 하나님이여 영광과 존귀와 권능을 받으시는 것이 합당하오니 주께서 만물을 지으신지라 만물이 주의 뜻대로 있었고 또 지으심을 받았나이다 하더라 (계 4:6-11)

참된 기도를 드리려면 기도에 대해서 하나님으로부터 배워야 합니다. 물론 기도에 대해서만 배워야 하는 것이 아닙니다. 참 하나님을 알지 못하다가 참 하나님을 알고 그에 합당하게 살아가기로 하는 사람은 생활의 거의 모든 면에서 '그게 아니다' 하는 하나님의 말씀을 듣습니다. 우리 자신에 대한 이해에 있어서, 하나님에 대한 이해에 있어서, 세계에 대한 이해에 있어서, 우리는 매 단계마다 '그게 아니다' 하는 하나님의 말씀을 듣습니다. 그 음성을 들을 때마다 우리는 '아 내가 과연 죄인이로구나, 이렇게도 모른단 말인가' 하고 탄식합니다. 하지만 거기에 즐거움도 있습니다. 하나님의 말씀으로부터 '그게 아니다' 하는 말씀을 듣고, 그럼 '뭐가 바릅니까?' 하고 질문하면 하나님은 '바른 건 이거다' 하고 가르쳐 주십니다. 더딜지라도 바른 것을 하나씩 배워 나가는 것은 즐거움이 됩니다. 이 즐거움이 진리로 인한 행복일 것입니다. 하나님께서 '그게 아니다' 하는데도 자기 생각을 고집하면 안 됩니다. 하나님 앞에 자신을 낮추고 어린아이처럼 하나씩 배워가면서 고칠 것을 고치면 됩니다.

그것을 주님께서 가르치신 기도에서도 배울 수 있습니다. 참된 기도를 하는 사람에게 가장 중요한 것이 하나님을 아버지로 인식하는 것입니다. 여기서 생각하는 아버지와 자녀의 관계는 어린아이와 아버지의 관계를 생각하는 것이 좋습니다. 인간 관계에서 아버지와 자녀의 관계는 항상 자녀가 아버지를 의지하는 것만이 아닙니다. 자녀가 장성하여 아버지보다 더 많은 지식을 가질 수도 있고, 아버지가 연로하게 되면 아버지가 자녀를 의지해야 할 경우도 있습니다. 우리가 하나님을 아버지라 부를 때에는 이런 관계가 아닙니다. 그 앞에 설 때에 자신은 항상 철모르는 어린아이이며, 아버지는 항상 우리를 자상하게 인도해 주시는 아버지, 우리에게 항상 도움을 베풀며, 무한한 선의를 가지고 우리를 대하는 아버지입니다. '기도하는 사람은 하나님을 아버지로 인식해야 한다, 그래야 정말로 기도하는 것이다' 하는 것을 가르치려고 예수님께서는 하나님을 '아버지' 하고 부르라 하신 것입니다.

거기에 두 가지 중요한 요소가 있다고 했습니다. 공경심과 친밀함입니다. 공경심과 친밀함을 가지라는 말을 오해하면 안 됩니다. 너무 두려워하는 것과 너무 버릇이 없는 것의 양극단을 피하고 중간을 취하라는 말이 아닙니다. 만약 그렇게 한다면 그것은 죽도 밥도 아닙니다. 공경심과 친밀함이란 공경심은 공경심대로 충분히 가지고 친밀함은 친밀함대로 충분히 가지라는 뜻입니다.

이렇게 되기 위해서는, 첫째, 중생을 통해서 하나님의 자녀가 되어야 합니다. 자녀가 아니면 하나님을 아버지라 부를 수 없습니다. "14 무릇 하나님의 영으로 인도함을 받는 사람은 곧 하나님의 아들이라 15 너희는 다시 무서워하는 종의 영을 받지 아니하고 양자의 영을 받았으므로 우리가 아빠 아버지라고 부르짖느니라"(롬 8:14-15). 둘째, 하나님이 우리의 아버지라는 사실을 계속해서 강화시키고 배워가야 하는 면이 있습니다. 중생을 통해서 자녀가 되었다 하더라도 하나님 말씀의 교훈을 충분히 알지 못하면 하나님에 대해서 바른 심정을 품지 못할 수가 있습니다. 이런 연약은 우리 모두가 어느 정도 가지고 있으며 살아가면서 계속해서 채워가야 합니다. 그러므로 과거에 이런 심정을 품지 못했다면 앞으로 품으면 됩니다.

그런데 우리는 하나님에 대해서 두려워하는 심정을 품기는 쉽지만 친밀감을 느끼기는 어렵습니다. 이것이 자연스럽기는 하지만 한편으로는 어떤 사실에 대한 믿음이 약한 징표입니다. 예수님께서 우리를 위해 이루신 구원의 일의 충족함과 능력에 대한 믿음이 약하면 하나님을 충분히 친밀하게 느끼지 못할 수 있습니다. 그러므로 하나님을 친밀히 느끼지 못한다면 예수 그리스도께서 이루신 구원의 일에 대해서 깊이 묵상할 필요가 있습니다. 예수님은 우리가 오직 두려워만 하고 도저히 가까이 할 수 없는 하나님에게 우리를 가까이 이끌기 위해서 죽으셨습니다. 그러므로 그리스도 안에서 우리는 하나님에게 아주 가까이 갈 수 있습니다. 하나님을 친밀하게 느끼고 그 앞에 모든 것을 토하고 모든 필요한 것을 충분히 받을 수 있습니다. 그것이 우리가 하나님을 아버지라고 부르는 이유입니다.

제47주일

122문: 첫째 간구는 무엇입니까?

답: "이름이 거룩히 여김을 받으시옵소서"로, 이러한 간구입니다. "무엇보다도 먼저 우리로 하여금 주님을 바르게 알게 하여 주옵시며, 주께서 행하시는 모든 일에서 주님을 거룩히 여기고 경배하고 찬송하게 하옵소서. 주께서 행하시는 일에는 주님의 전능과 지혜와 선하심과 의와 자비와 진리가 환히 빛나옵나이다. 또한 우리의 모든 삶을 지도하시고 우리의 생각과 말과 행동을 주장하셔서, 주님의 이름이 우리 때문에 더럽혀지지 않고 오히려 영예롭게 되고 찬양을 받게 하옵소서."

이 간구를 다른 말로 하면 '하나님의 이름이 거룩히 여김을 받으시기를 원합니다'입니다. 이것을 좀 더 풀어서 말하면 이렇게 됩니다. '저에게 소원이 하나 있습니다. 저는 이 일이 실제로 이루어지면 참으로 행복하겠습니다. 그것이 무엇이냐 하면 아버지의 이름이 거룩히 여김을 받는 것입니다. 그러니 아버지의 이름이 거룩히 여김을 받으옵소서.' 이것이 '이름이 거룩히 여김을 받으시옵소서'라는 기도의 뜻입니다. 예수 그리스도께서는 '하늘에 계신 우리 아버지'라고 하나님을 부른 후에, '이름이 거룩히 여김을 받으옵소서'라 기도하라 하셨습니다.

어떤 사람들은 이 첫째 간구가 우리의 모든 기도의 요체라고 말합니다. 일리가 있는 생각입니다. 십계명에서도 보면, 하나님 이외의 다른 신을 두지 말라는 첫째 계명, 하나님을 보이는 형상으로 나타내지 말라는 둘째 계명 다음에, 하나님의 이름을 망령되이 일컫지 말라는 계명이 세 번째로 등장합니다. 이것은 사람이 하나님에 대한 바른 이해를 가진다면 그 이름을 망령되이 일컬을 수 없다는 뜻입니다. 이 셋째 계명의 문제는 이름의 존엄성입니다. 첫째와 둘째 계명이 하나님에 대한 사람의 바른 이해의 문제를 다룬다면, 셋째 계명은 하나님에 대한 사람의 정당한 태도를 다룹니다. 첫째와 둘째 계명은 셋째 계명으로 연결되어야 한다는 뜻입니다. 그런데 여기 '이름이 거룩히 여김을 받으옵소서'라는 기도가 이 셋째 계명과 일맥상통합니다.

그런데 우리는 첫째 간구에 대한 하이델베르크 요리문답의 설명이 이런 정신 위에 서있는 것을 봅니다. '무엇보다도 먼저 우리로 하여금 주님을 바르게 알게 하여 주옵시며, 주께서 행하시는 모든 일에서 주님을 거룩히 여기고 경배하고 찬송하게 하옵소서.' 이것이 첫째 간구의 내용이라고 되어 있습니다. 주님에 대한 바른 지식과 바른 경배를 언급합니다. 이것이 십계명 중 첫째와 둘째 계명의 요구인 것을 십계명을 공부하면서 배웠습니다. 그렇다면 주님께서 가르치신 기도의 첫째 간구는 십계명의 1-3계명을 요약한 것임을 알 수 있습니다.

이제 우리는 이 간구에서 원하는 것이 구체적으로 무엇임을 좀 더 분명히 알 수 있습니다. 이 간구를 통해서 우리는 하나님께서 우리에게 진리를 가르쳐 주셔서 하나님을 바르게 알도록 해주실 것을 기도하는 것입니다. 하나님의 이름이 거룩히 여김을 받기를 원하는 사람이라면 당연히 하나님에 대해서 더 깊이 알기를 원해야 합니다. 자기가 하나님을 잘 알지 못하면 하나님의 이름이 거룩히 여김을 받기를 원하는 소원이 생기지 않을 것입니다. 이는 마치 자기에게 있는 것이 아주 자랑스럽다는 것을 알지 못하면 그것을 자랑할 마음이 생기지 않는 것과 같은 이치입니다. 그러므로 하나님의 이름이 거룩히 여김을 받기를 원하는 사람은 먼저 자기 마음속에 그 하나님에 대해서 더 잘 알고자 하는 소원을 품습니다.

그러면 하나님을 어떻게 알면 바로 아는 것입니까? 그 대답이 이 간구 속에 이미 들어 있습니다. 하나님을 거룩한 분으로 아는 것입니다. 그것이 하나님을 바로 아는 것입니다. 그래서 예수님께서는 '이름이 거룩히 여김을 받으시기를 원합니다' 하고 기도하라 하셨습니다. 우리 자신이 먼저 하나님을 거룩한 분으로 바로 알지 않는다면 그 하나님의 이름이 거룩히 여김을 받기를 기도하는 것은 의미가 없습니다.

거룩하다는 것의 가장 기본적인 의미는 분리입니다. 하나님은 거룩하신 분입니다. 그 분이 이 세상과 분리되어 있다는 점에서 그러합니다. 하나님은 두 가지 면에서 세상과 분리되어 있습니다. 첫째, 하나님은 존재론적으로 세상과 분리되어 있습니다. 이것은 마치 화가와 그림이 분리되어 있는 것과 마찬가지입니다. 그림이 화가의 작품이며 화가의 예술적 감각과 솜씨가 그 안에 표현되어 있기는 하지만 화가는 그림의 일부도 아니고 그림 속에 있지도 않습니다. 화가는 그림을 초월하여 그림 밖에 있습니다. 이와 유사합니다. 이 세상은 하나님의 작품이며 그 안에 하나님의 신성의 영광이 드러나고 있지만 하나님은 이 세상의 일부가 아닙니다. 하나님은 세상을 초월하여 높이 계신 분입니다. 그래서 하나님은 거룩합니다. 둘째, 하나님은 도덕적으로 세상과 분리되어 있습니다. 여기서 말하는 세상은 피조물인 우주가 아니라 사람이 만들어 놓은 세상 곧 영적 도덕적 타락으로 말미암아 죄악과 비탄으로 얼룩진 세상입니다. 하나님은 그런 도덕적 악과 아무 관계가 없기 때문에 그것과 분리되어 있습니다. 그래서 하나님은 거룩하십니다.

하나님이 거룩하시다는 사실을 묵상해 보면 사람은 두 가지 면으로 하나님을 경배하게 됩니다. 첫째, 창조주 하나님의 능력입니다. 하나님은 세상과 분리되어 있으나 세상에 대해서 무관심한 분이 아니라 세상을 통치하시는 분입니다. 하나님께서 세상을 완전히 통치하실 수 있는 이유는 하나님이 세상과 분리되어 있기 때문입니다. 만약 세상의 일부가 되어 있다면 온 세상을 완전히 통치하시지 못할 것입니다. 온 세상을 만드시고 그 세상의 모든 일들을 친히 다스려 가시는 하나님의 능력은 사람의 마음속에 경배를 일으킵니다. 그리고 이 경배는 하나님에 대한 든든한 신뢰를 일으킵니다. 예수님께서 산상보훈에서 우리로 하나님을 의지하게 하기 위해서 예로 든 것이 공중에 나는 새와(마 6:26) 땅에 피는 백합이었으며(마 6:28), 참새 한 마리가 땅에 떨어지는 것도 하나님의 허락이 없으면 안 되고(마 10:29) 하나님은 그 자녀의 머리카락까지 다 세신다는(마 10:30) 사실입니다. 하나님의 완전한 통치의 사실들을 보여주셨습니다. 예수님께서는 이런 사실을 거론하심으로 우리 안에 하나님에 대한 경배와 의지하는 심정을 일으키려 하셨습니다. 그러므로 이런 사실을 묵상하여 경배와 의지하는 심정, 그로 인한 평안을 누린다면 우리는 하나님을 거룩히 여기는 것입니다.

둘째, 하나님의 도덕성인데 이것이 또한 우리에게는 경배와 위로의 조건이 됩니다. 하나님은 죄와 관계가 없는 분이십니다. 그 눈이 청결하여 악을 차마 보지도 못하시는 분입니다. 회개하지 않는 죄인에 대해서 매일 같이 분노하시는 분입니다. 회개치 않는 죄인은 죽으면 다시 살려내서 반드시 형벌하시는 분입니다. 이것이 하나님의 의로움입니다. 악을 즐기는 사람이라면 천지의 창조주가 이런 하나님이라는 사실이 끔찍하게 싫을 것입니다. 하지만 하나님의 자녀에게는 하나님이 그런 분이라는 사실이 경배와 기쁨의 조건이 됩니다. 지상에서 행해지는 모든 불공의와 악을 우리가 어찌할 수 없다는 사실은 의로운 하나님의 자녀들에게는 언제나 고통이요 안타까움입니다. 자신이 개인적으로 아무리 깨끗해도 우리가 사는 세계의 불결함으로 인해서 우리가 항상 악을 묻히고 살 수밖에 없다는 현실은 우리가 이 세상을 사랑할 수 없는 중요한 이유이기도 합니다. 그런데 의로우신 하나님은 마침내 그 모든 악을 제거하고 모든 불공의를 바로 잡으시며 모든 억울한 일을 신원해 주실 것입니다. 하나님은 전능하실 뿐 아니라 도덕적으로 완전한 신이시기 때문입니다. 하나님이 품고 계신 죄에 대한 의로운 요구를 반드시 만족시키실 것입니다. 마침내 그 칼을 죄인의 피로 적실 것입니다. 이렇게 해서 세상의 모든 질서가 완전히 회복되고 "10 인애와 진리가 같이 만나고 의와 화평이 서로 입맞추었으며 11 진리는 땅에서 솟아나고 의는 하늘에서 굽어보는"(시 85:10-11) 날이 올 것입니다. 이 날에 대한 기대로 하나님의 자녀는 세상의 불의를 견디며 살 수 있습니다. 그 날에 대한 소망은 또한 신자에게 위로와 경배의 조건이 됩니다. 이렇게 하나님의 도덕적 완전성을 깨닫고 의가 완성되는 날을 기대하는 것이 하나님의 이름을 거룩히 여기는 일입니다.

'아버지의 이름이 거룩히 여김을 받기를 원합니다'라는 기도는 이와 같이 우리 자신이 먼저 아버지를 잘 알고 경배하는 경지로 들어가기를 원하는 간구를 포함합니다. 다른 사람들이 하나님의 이름을 거룩히 여기기를 바란다고 하면서, 자신이 하나님의 이름을 거룩히 여기지 않는다면 이는 모순되는 일입니다. 여기서 우리는 기도에 따르는 의무를 다시금 생각하게 됩니다. 무엇을 기도하는 사람은 기도한 내용이 이루어지기 위한 자기의 몫을 실행해 나가야 합니다. 그것을 하지 않고 기도만 하는 것을 가리켜서 무책임한 기도라고 합니다. 오늘날 우리나라에 이런 무책임한 기도가 널리 퍼져 있습니다. 자기가 위해서 기도하는 사람의 문제가 해결되기를 원하는 간절한 마음도 없이 기도하고, 기도한 후에는 기도한 내용조차 다 잊어버립니다. 다른 사람에게 돈을 빌린 사람은 그 돈을 끝까지 갚겠다는 생각이 없이 하나님이 대신 갚아 달라고 기도합니다. 이게 참으로 황당한 생각입니다. 그런 오류의 기저에는 기도에는 책임이 따른다는 진리에 대한 무지가 있습니다. 한번 생각해 보십시오. 병든 자녀의 병이 낫기 위해서 기도하는 부모가 기도만 하고 아무 조치도 취하지 않겠습니까? 그 병을 고치기 위하여 백방으로 노력하면서 뛰어다닐 것입니다. 이것이 진정한 기도입니다. 기도란 하나님의 뜻이라고 생각되는 것이 이루어지기를 기원하는 것입니다. 그렇다면 그 뜻이 이루어지기 위해서 자기가 할 일을 해야 합니다. 그것을 하지는 않고 입으로만 기도하는 것은 결국 자기는 아무 희생도 치르지 않을 테니 하나님이 알아서 해달라는 식인데 대단히 무책임하고 부정당한 기도입니다. 이와 같이 하나님의 이름이 거룩히 여김을 받기를 기도하는 사람은 먼저 자신이 하나님의 이름을 거룩히 여기는 생활을 할 수 있기를 기도해야 합니다. 하나님을 알고 경배하는 생활이 그것입니다.

그러나 이 기도문은 우리 자신이 하나님의 이름을 거룩히 여기는 것으로 끝나지 않습니다. 그 이름이 모든 사람들에게 거룩히 여김을 받기를 또한 기원하는 것입니다. 하나님의 이름의 거룩함이 나의 인식과 생활에서만 이루어지는 것으로 만족할 수 없습니다. 그 이름의 거룩함은 널리 알려져 모든 사람이 그 이름을 거룩히 여겨야 합니다. 이것이 또한 하나님의 백성의 소원이 되어야 합니다. 그래서 예수 그리스도께서는 '이름이 거룩히 여김을 받으시옵소서'라고 기도하라 하셨습니다.

이는 사람들이 하나님의 이름을 거룩하게 여기도록 하는 것이 우리의 의무이기 때문입니다. 하나님의 자녀들은 하나님의 이름을 거룩히 여기는 생활 속에 살고 있으므로 하나님의 이름을 거룩히 여긴다는 것이 무엇인지 경험으로 알고 있습니다. 그러므로 다른 사람들이 하나님의 이름을 거룩히 여기게 된다는 것이 무엇인지 역시 알고 있습니다. 신자들은 자기 안에서 일어난 일 곧 하나님을 알고 경배하며 그 가르침을 순종하면서 사는 일이 다른 사람들에게서도 역시 일어나기를 원하며 그렇게 되도록 노력해야 합니다. 그것이 이 기도에 따르는 의무입니다. 이름이 거룩히 여김을 받기를 원하는 기도를 했으므로 그렇게 되기 위해서 자신이 해야 할 일을 찾아서 해야 합니다.

가장 먼저 생각할 것은 이 일이 아주 즐거운 일이라는 점입니다. 이것은 무엇인가 좋은 것을 가진 사람이 그것을 자랑하지 않고 못 배기는 심정에 비유할 수 있을 것입니다. 예를 들면 수가성 우물가에서 예수님을 만난 여인이 예수님으로부터 너무나 깊은 인상을 받고 감화를 받은 나머지 당장 마을에 뛰어가서 사람들에게 와서 예수님을 좀 보라고 했습니다. 자기가 지금까지 이런 사람 저런 사람을 많이 만나 보았지만 이런 사람은 처음 보았노라고 했습니다. "여자가 물동이를 버려두고 동네로 들어가서 사람들에게 이르되 내가 행한 모든 일을 내게 말한 사람을 와서 보라 이는 그리스도가 아니냐"(요 4:28-29). 이 여인이 결국 무엇을 경험했을까요? 예수님 안에 계신 하나님 아버지의 거룩함을 경험한 것입니다. 주기도문의 '이름의 거룩함'을 경험한 것입니다. 그러자 그것이 마음속에 놀라움과 감격을 일으켜서 사람들에게 가서 말하지 않을 수 없었습니다. 이 예수님을 와서 한번 만나보라고 말한 것입니다. 자기가 발견한 아주 좋은 것을 사람들에게 자랑하지 않고 못 배기는 어린아이 같은 단순함이 거기에 있습니다.

이것이 전형적인 일이지만 실제로 발생하는 일이 모두 이렇게 즐겁지만은 않습니다. 예레미야는 고통을 많이 당한 선지자였습니다. 그는 하나님의 말씀을 받아서 충실히 전하였으나 사람들로부터 비웃음만 받았습니다. 그래서 "내가 다시는 여호와를 선포하지 아니하며 그의 이름으로 말하지 아니하리라 하면 나의 마음이 불붙는 것 같아서 골수에 사무치니 답답하여 견딜 수 없나이다"(렘 20:9). 비록 고난 중에 있을지라도 그의 안에는 하나님의 이름의 거룩함에 대한 불붙는 심정이 있었습니다. 그래서 그 이름의 거룩함에 대해서 침묵하려 하면 그의 안에 불이 붙는 것 같아서 견딜 수가 없었습니다.

하나님께서는 그 기쁘신 뜻에 따라서 자신의 백성을 다양한 환경에 두십니다. 그리고 그 모든 환경 속에서 하나님의 이름의 거룩함을 드러내고 전파하게 하십니다. 왜 이렇게 하실까요? 하나님은 어디에나 계시며 어떤 사람과도 함께 하시고 모든 환경 속에서 영광 받기를 원하신다는 것을 가르치시기 위함입니다. 하나님은 부자의 하나님만도 아니고 가난한 자의 하나님만도 아니며 건강한 사람의 하나님만도 아니고 병든 자의 하나님만도 아닙니다. 하나님은 모든 자의 하나님이십니다. 하나님은 땅에 속한 분이 아니라 땅을 초월하여 높은 곳 하늘에서 땅을 내려다 보시는 분입니다. 이 사실을 어떻게 증거하시겠습니까? 부자와 빈자와 건강한 자와 병든 자 모두에게 자신을 나타내시고 그들 모두를 사용하여 자신의 이름의 거룩함을 나타내십니다. 그리고 때가 되면 그 모든 자를 한 곳으로 불러 들이시고 거기에 부자, 가난한 자, 건강한 자, 병든 자가 차별이 없이 모두가 똑같이 영광스러운 상태에서 영원히 하나님의 이름의 영광을 드러내게 하시는 것입니다. 이렇게 해서 하나님은 하늘의 하나님이시며 모든 인생의 하나님이심을 드러내십니다. 그러므로 우리는 어떤 처지에 있든지 자신을 그 처지에 두신 하나님의 뜻을 발견하고 그 자리에서 하나님의 이름의 거룩함을 드러내야 할 것입니다.

요리문답 주기도 48주

1 어찌하여 이방 나라들이 분노하며 민족들이 헛된 일을 꾸미는가 2 세상의 군왕들이 나서며 관원들이 서로 꾀하여 여호와와 그의 기름 부음 받은 자를 대적하며 3 우리가 그들의 맨 것을 끊고 그의 결박을 벗어버리자 하는도다 4 하늘에 계신 이가 웃으심이여 주께서 그들을 비웃으시리로다 5 그 때에 분을 발하며 진노하사 그들을 놀라게 하여 이르시기를 6 내가 나의 왕을 내 거룩한 산 시온에 세웠다 하시리로다 7 내가 여호와의 명령을 전하노라 여호와께서 내게 이르시되 너는 내 아들이라 오늘 내가 너를 낳았도다 8 내게 구하라 내가 이방 나라를 네 유업으로 주리니 네 소유가 땅 끝까지 이르리로다 9 네가 철장으로 그들을 깨뜨림이여 질그릇 같이 부수리라 하시도다 10 그런즉 군왕들아 너희는 지혜를 얻으며 세상의 재판관들아 너희는 교훈을 받을지어다 11 여호와를 경외함으로 섬기고 떨며 즐거워할지어다 12 그의 아들에게 입맞추라 그렇지 아니하면 진노하심으로 너희가 길에서 망하리니 그의 진노가 급하심이라 여호와께 피하는 모든 사람은 다 복이 있도다(시 2:1-12)

'이름이 거룩히 여김을 받으시옵소서'라는 간구는 '하나님의 이름을 망령되이 일컫지 말라'는 십계명의 셋째 계명의 정신을 표현합니다. 하나님의 이름을 망령되이 일컫지 말라는 말은 역으로 하나님의 이름을 거룩히 여기라는 뜻입니다. 그러므로 주님께서 가르치신 이 기도는 셋째 계명이 이루어지도록 기도하라는 말씀으로 앞의 두 계명을 이미 포함하고 있습니다. 즉 하나님이 유일한 신이라는 사실, 하나님은 어떤 형상으로도 나타낼 수 없는 초월적인 신이라는 사실이 깨달아지면 사람은 하나님의 이름을 망령되이 일컬을 수 없는 것입니다. 그러므로 '이름이 거룩히 여김을 받으시옵소서'라는 기도는 유일하신 참 하나님이 사람들에게 알려지고, 이 하나님은 사람이 어떤 형상을 통해서도 깨달을 수 없는 초월적인 신이시라는 사실이 또한 알려져서 하나님의 이름이 거룩히 여김을 받게 되기를 원한다는 간구입니다. 그러므로 이렇게 되기를 간구하는 우리는 실제로 그런 일이 이루어지기 위해서 어떻게 행해야 할 것인지를 스스로 찾아서 그대로 행해 나가야 합니다. 기도에는 의무가 따르는 까닭입니다.

제48주일

123문: 둘째 간구는 무엇입니까?

    답: "나라이 임하옵소서"로, 이러한 간구입니다. "주님의 말씀과 성신으로 우리를 통치하시사 우리가 점점 더 주님께 순종하게 하옵소서. 주님의 교회를 보존하시고 흥왕케 하옵시며, 마귀의 일들과 주님께 대항하여 스스로를 높이는 모든 세력들, 그리고 주님의 거룩한 말씀에 반대하는 모든 악한 의논들을 멸하여 주옵소서. 주님의 나라가

온전히 이루어져 주께서 만유의 주가 되실 때까지 그리하옵소서."

　'나라이 임하옵소서'라는 간구는 '하나님의 나라가 임하기를 원하나이다'라는 뜻입니다. 지금까지 본 것처럼 이것은 하나님 나라 백성의 간절한 소원입니다. 그러므로 신자는 이것을 기도해야 한다고 예수님께서 가르치셨습니다. 또한 이것을 기도하는 사람은 이 기도가 이루어지기 위해서 자기가 할 의무가 무엇인지 찾아서 해야 합니다.

　신자, 불신자를 막론하고 모든 사람은 지금 상태의 세상을 못마땅하게 여깁니다. 이 세상 가지고는 안 된다, 이것은 우리가 진정 원하는 세상이 아니다 하는 상념을 누구나 가지는 듯합니다. 예를 들어서 김태준 작사 김희갑 작곡에 테너 이인수씨와 대중가요 가수 이동원씨가 부른 노래 중에 '아름다운 나라'라는 곡이 있습니다. '아름다운 나라 거기가 어디지 잡히지 않고 보이지 않는 나라 우리 손잡고 찾아 갔다가 번번히 길을 잃고 돌아오는 나라 눈감으면 불쑥 한발자국 앞에 다가서는 거기 아름다운 나라'. 이 노래의 작사자에게 이 세상은 아름다운 나라가 아닙니다. 그래서 그는 그 나라를 찾아 떠나지만 번번히 실패합니다. 현실에 대해서 눈을 감으면 금방 잡힐 듯한데 눈을 뜨고 현실로 돌아오면 그 나라는 없다는 것입니다.

　성경도 어떤 나라가 이 땅에 임한 사실을 가르칩니다. 예수님께서 오셔서 '회개하라 하나님의 나라가 가까왔다'고 하셨을 때 그 나라는 사람들 사이에 이루어지는 어떤 현실이었습니다. 주기도문은 예수님께서 선포하신 그 나라가 임하기를 기도하라는 뜻입니다. 이렇게 하기 위해서는 '하나님의 나라'라는 말이 무엇인지, 그것이 임한다는 것이 무엇인지 알아야 할 것입니다. 먼저 '하나님의 나라'라는 말에 대해서 보겠습니다. 성경에서 하나님의 나라라는 말은 두 가지 의미로 사용됩니다. 하나는 권능의 왕국이라고 하고 다른 하나는 은혜의 왕국이라고 합니다. 이것들은 서로 다른 두 가지 나라를 말하는 것이 아닙니다. 이것은 왕이신 하나님께서 통치권을 행사하시는 두 가지 서로 다른 방식입니다. 방식은 다르지만 왕권을 행사하시는 분은 하나님이시며 목적은 모두 하나님의 영광입니다.

   권능의 왕국에 대해서 보면, 하나님은 유일한 창조주이시고 유일한 통치자요 유지자이십니다. 여기 무엇인가 있으려면 누군가가 그것을 만들어야 합니다. 그런데 존재하는 모든 것은, 가장 큰 것부터 가장 작은 것까지 전부 하나님이 만드십니다. 그러니까 무엇이 없지 않고 있게 된 것입니다. 다음으로 무엇이 유지되려면 누군가가 그것을 유지해야 합니다. 집이 무너지지 않으려면 나무나 철근이 그것을 버텨주어야 합니다. 땅이 꺼지지 않으려면 그 땅 아래가 허공이 아니라 꽉 차서 위를 받쳐 주어야 합니다. 사람이 죽지 않고 살아가려면 누군가가 그의 생명을 지켜주어야 합니다. 밥이 위에 들어가 소화되어 몸에 영양을 공급하려면 누군가가 그렇게 되도록 해주어야 합니다. 나라가 망하지 않으려면 누군가가 그 나라를 외적의 침입과 내부의 부패로부터 막아 주어야 합니다. 만약 이것이 사람의 힘으로 다 된다면 나라가 망하는 일이 없을 것입니다. 그러므로 궁극적으로 그것은 사람의 힘으로 되는 것이 아닙니다. 그 모든 것을 하나님께서 하십니다. 하나님께서 모든 것을 유지해 주시니까 뭔가가 무너지지 않고 유지되는 것입니다. 만약 하나님께서 무너뜨리기로 작정하시면 무너지지 않을 것이 없습니다. 느부갓네살의 바벨론도 무너졌고, 고레스의 페르시아도 무너졌으며, 알렉산더의 마게도냐도 무너졌고, 시이저의 로마도 무너졌습니다. 중국의 왕조들도 줄줄이 무너졌습니다. 하나님은 세우기도 하고 무너뜨리기도 하십니다. 이렇게 하는 것을 가리켜서 하나님의 권능의 왕국 곧 권능의 통치라고 부릅니다. 하나님은 아무와도 상의하지 않고 자신의 기쁘신 뜻대로 원하시는대로 모든 것을 통치하십니다.

하지만 이 하나님의 통치를 운명론처럼 생각하면 안 됩니다. 하나님이 전적으로 통치하시면 사람의 역할은 아무 것도 없고 사람은 오직 로봇에 불과한 것처럼 생각하면 안 됩니다. 그렇지 않습니다. 강하던 나라가 무너지는 것을 보면 거기에 어리석은 통치자가 등장하고 국민은 부패하여 나라의 기강이 서지 못하게 되어 결국 무너집니다. 그러므로 나라가 무너지는 과정을 보면 결국 사람의 잘못 때문에 무너집니다. 하지만 거기에 또한 하나님의 뜻이 신비하게 움직입니다. 사람들이 스스로 결정하고 행동하는 모든 결정 속에서 하나님께서 자신의 뜻을 이루시는 것입니다. 만약 어떤 나라가 흥한다면 이는 지도자와 국민들이 도덕적이 되고 근면하게 된 결과입니다. 그렇다면 한 나라가 흥하는 것은 백성의 손에 달렸습니다. 하지만 궁극적으로는 그렇지 않습니다. 거기에 하나님의 기묘한 손이 움직여서 백성의 생활을 사용하여 나라를 흥하게 하려는 하나님의 뜻을 이루시는 것입니다. 이와 같이 하나님의 완전한 통치는 사람의 자유로운 행동을 사용하십니다. 사람은 자유롭게 행동하지만 결국 하나님의 뜻이 이루어지는 것입니다. 그러므로 하나님께서 홀로 통치하신다고 하여 사람은 로봇에 불과하다는 식의 생각을 하지 말아야 합니다.

이런 하나님의 권능의 통치 외에 또 다른 방식으로 나타나는 하나님의 통치가 있습니다. 그것을 가리켜서 은혜의 왕국 곧 은혜의 통치라고 합니다. 성삼위의 제2위이신 성자께서 사람의 몸을 입고 주 예수 그리스도로 오셔서 택하신 사람들을 불러 중생시키시며 복음을 믿게 하시고 주 예수 그리스도를 사랑하게 하시며 그들을 모아 교회를 이루십니다. 이 교회가 복음을 전파하고 하나님의 법을 지켜 하나님의 이름이 거룩히 여김을 받으며 그 영광이 드러나게 하십니다. 이것을 가리켜서 은혜의 왕국이라고 합니다. 권능의 왕국에서 오직 하나님만이 완전한 통치권을 가지시듯이 은혜의 왕국에서도 오직 하나님만이 완전한 통치권을 가집니다.

　어떤 사람이 복음을 믿고 구원을 받는 모습을 보십시다. 그는 전도자가 전해주는 복음을 듣고 생각도 하고 고민도 하고 하다가 어느 날 그 복음이 말하는 내용을 깨닫고 그리스도를 의지하게 됩니다. 이 모든 과정을 가만히 보면 순전히 그 사람 자신이 생각하고 고민하고 판단하여 믿기로 결정한 것으로 보입니다. 하지만 그 모든 과정 뒤에는 하나님의 은밀한 활동이 있는 것입니다. 만약 그렇지 않다면 사람은 복음을 받아들일 수 없습니다. 그는 하나님의 진리에 대해서 마치 죽은 사람과 같아서 복음에 대해서는 완전히 무지하고 따라서 그것을 받아들일 수 있는 능력이 전무하기 때문입니다. 그러므로 하나님의 능력이 임해서 비로소 한 사람이 구원을 받게 됩니다. 하나님의 통치의 사실이 거기에 발생한 결과입니다. 나아가서 그 사람이 믿음을 유지하고 신자로 살아가는 것도 마찬가지입니다. 존 번연의 천로역정에 보면 구원을 향한 크리스천의 순례길에 얼마나 많은 장애가 있는지 알 수 있습니다. 그 장애는 혹은 무서운 폭력으로 혹은 은밀한 유혹으로 옵니다. 그래서 많은 사람들이 순례길에 나서지만 결국 천성에 이르지 못하고 도중에 포기하거나 무너지고 맙니다. 그와 같이 사람이 구원의 완성에 도달하는 것은 자기 힘으로 이룰 수 있는 일이 아닙니다. 누군가가 구원의 완성에 도달한다면 거기에 하나님의 은혜의 통치가 이루어지고 있는 것이지요.

하나님의 이 두 가지 통치의 사실을 기억하고 이것을 세계와 역사에 대한 기본 이해로 삼아야 합니다. 그것이 기독교적인 세계관이요 역사관의 요소 중 하나입니다. 이 세계는 하나님께서 자신의 영광을 위하여 만드셨습니다. 이 세계는 하나님의 영광을 드러내는 데에 존재 의미가 있습니다. 이 세계는 우연히 존재하게 된 것도 아니고 알 수 없는 힘에 의해서 지금 유지되는 것이 아닙니다. 그 모든 것은 하나님의 절대적인 통치 하에 있습니다. 이 세계 속에 하나님은 사람을 창조하여 두시고 타락한 사람들을 구원하여 교회를 세우십니다. 하나님은 역사를 통치하시되 그 위에 교회를 두시고 교회를 통하여 역사에 대한 자신의 뜻을 이루십니다. 역사는 하나님의 은혜의 통치가 구현되는 장입니다. 역사 자체가 하나님의 통치를 증거합니다. 그 안에서 발생하는 모든 사건들이 기묘한 방식으로 서로 연결됩니다. 짧은 시간 동안만 관찰하면 세상이 불의해 보일지라도 긴 역사 전체를 통해서 보면 거기에 하나님의 의가 이루어집니다. 그래서 결국에는 역사의 주인이 불의한 인간이나 악한 마귀가 아니라 의로운 하나님이심이 드러납니다. 이렇게 해서 역사는 그 자체로 혹은 궁극적으로 하나님의 통치를 드러냅니다. 이것이 성경이 가르치는 역사관의 중요한 요소이며 신자는 역사를 이렇게 보아야 합니다. 오늘날 많은 사람들이 역사에서 적극적인 뜻을 발견하지도 못한 채 아무런 역사적 감각이 없이 살지만 신자는 그럴 수 없습니다. 역사는 하나님의 영광을 위하여 존재하며 그 중심에 교회가 있습니다. 즉 역사는 하나님의 권능의 나라와 은혜의 나라 아래에 있는 것입니다. 그러므로 역사의 주인은 불신자나 다른 종교의 신자가 아니라 그리스도를 믿는 신자입니다.

신자는 이렇게 역사에 대한 주인 의식을 가지고 '나라가 임하시옵소서'라고 기도해야 합니다. 그런데 여기서 기도의 대상이 되는 나라는 권능의 나라가 아닙니다. 앞에서 보았듯이 그 나라는 이미 하나님께서 인간의 뜻과 무관하게 통치해 나가십니다. 그 나라의 통치는 너무나 커서 우리의 머리로 다 이해할 수도 없으며 하나님의 기묘한 지혜로 통치해 나가시므로 우리가 임하기를 기도하는 나라는 그 나라가 아닙니다. 우리가 임하기를 기도하는 하나님의 나라는 은혜의 나라입니다.

이제 하나님의 나라 곧 하나님의 통치가 어떻게 실현되는지에 대해서 보겠습니다. 이 주제에 대해서 분명한 이해를 가지고 있어야 합니다. 첫째, 하나님은 말씀으로 통치하신다는 사실이고, 둘째, 하나님은 성신으로 통치하신다는 사실입니다. 이 각각에 대해서 조금 더 생각하겠습니다.

하나님께서 은혜의 나라를 통치하기 위해 사용하시는 방법은 신구약 성경에 기록된 말씀입니다. 구약은 히브리어로 기록되었고 신약은 헬라어로 기록되었는데, 그것이 여러 나라 말로 번역되어 사람들에게 읽히고 있습니다. 이 말씀을 사용하여 하나님은 통치하십니다. 이 말씀 속에서 하나님은 자신이 어떤 신이신지를 나타내 보여주십다. 이것을 계시라고 하는데, 이 계시 속에서 하나님은 자신이 원하는 것이 무엇인지를 또한 보여 주십니다. 그것을 하나님의 뜻이라고 합니다. 하나님은 사람에게 이 뜻을 행하라고 명령하십니다. 그러므로 하나님의 말씀은 하나님께서 그 백성을 다스리시는 방법입니다. 하나님의 통치를 받고자 하는 사람은 두 가지 사실에 힘써야 합니다. 말씀을 부지런히 연구하여 알아야 하고 말씀을 힘써 순종해야 합니다. 이것이 하나님의 통치를 받는 것입니다.

그런데 거기에 문제가 하나 있습니다. 하나님의 말씀을 사람이 자기 힘으로 지킬 수 없다는 점입니다. 이것은 요리문답의 앞 부분에 잘 나와있습니다. 이 사실은 우리의 경험을 통해서 충분히 입증됩니다. 하나님의 뜻을 깨닫고 그것을 순종하려 해본 사람이라면 누구나 말씀을 순종하지 못하게 하는 힘이 자기 안에 있다는 것을 발견합니다. "21 그러므로 내가 한 법을 깨달았노니 곧 선을 행하기 원하는 나에게 악이 함께 있는 것이로다 22 내 속사람으로는 하나님의 법을 즐거워하되 23 내 지체 속에서 한 다른 법이 내 마음의 법과 싸워 내 지체 속에 있는 죄의 법으로 나를 사로잡는 것을 보는도다 24 오호라 나는 곤고한 사람이로다 이 사망의 몸에서 누가 나를 건져내랴"(롬 7:21-24).

이와 같이 성경에 기록된 말씀만으로는 사람이 하나님의 통치를 받을 수 없다는 사실이 분명해집니다. 이것은 하나님의 말씀에 흠이나 결점이 있기 때문이 아니라 우리 자신이 무능하기 때문입니다. 따라서 말씀을 지키려면 그것을 지킬 수 있는 영적 도덕적 힘이 공급되어야 합니다. 이것을 누가 공급해 주느냐 하면 바로 성신께서 공급해 주십니다. 그래서 요리문답에 보면 '주님의 말씀으로만 통치하시사'라고 되어 있지 않고 '주님의 말씀과 성신으로 우리를 통치하시사'라고 되어 있는 것입니다. 이것은 우리가 성경을 읽고 공부하기만 하면 자동적으로 말씀을 순종하여 주님의 통치를 받을 수 있는 것이 아님을 가르쳐 줍니다. 말씀을 순종하는 능력은 별도의 과정으로 와야 합니다. 즉 성신님은 말씀에 매여 있지 않습니다. 말씀을 읽거나 말씀이 선포되는 곳에 자동적으로 성신님이 역사하는 것이 아닙니다. 완전히 자유로운 신이신 성신님은 자유롭게 원하시는 사람에게 역사하여 말씀을 순종할 수 있는 힘을 공급하십니다. 그러므로 성신께서 충만히 임하시기를 기도해야 합니다. 이것이 기도의 가장 중요한 부분 중의 하나입니다.

　동시에 이와 관련하여 한 가지 주의할 것은 성신님이 자유로운 분이시지만 일반적으로는 말씀과 함께 역사하신다는 점입니다. 오늘날 기독교 내의 어떤 사람들은 이에 대한 명확한 이해가 부족하여 하나님의 말씀에 대해 무지해도 기도해서 성신을 받기만 하면 모든 문제가 없어지는 것 같이 생각합니다. 주로 기도파라 할 수 있는 사람들, 기도원에 틀어 박혀 기도에만 힘쓰는 사람들 중에 그런 사람들이 있습니다. 하지만 이것은 부정당한 생각입니다. 성신님은 사람으로 하나님의 통치를 받게 하기 위해서 말씀을 방도로 사용하여 일하시지, 말씀이 없이 혼자서 일하시지는 않습니다. 물론 예외적인 경우들이 있기는 합니다. 말씀을 알아들을 수 없는 유아나 정신지체장애자들에게는 말씀 없이 직접 역사하여 중생을 일으키기도 하십니다. 하지만 이것은 아주 예외적인 경우이고 통상적으로는 말씀과 함께 역사하십니다. 그러므로 하나님의 말씀이 없거나, 하나님의 말씀이 무시되거나 오해되는 곳에서는 성신님께서 충만하게 역사하지 않으십니다. 항상 하나님의 말씀을 모든 것의 중심에 놓고 모든 것의 기준으로 삼아야 합니다.

　요약하면 은혜의 나라에서 하나님의 통치는 말씀과 성신을 통해서 이루어집니다. 그러므로 하나님 나라 통치를 받고자 하는 사람은 말씀을 잘 알아야 하고 성신님으로부터 능력을 받아야 합니다. 성경에서 성신님이 자주 능력으로 나타나는 것이 이런 이유입니다. 여기에 하나님의 약속이 붙어 있음을 기억해야 합니다. 하나님의 백성이 그 통치를 받기를 간절히 원하여 말씀을 성실하게 공부하고 성신님의 능력을 간구하면서 살면 하나님께서는 반드시 그런 사람을 은혜로 다스리시고 당신의 영광을 위해서 사용하십니다. 그러므로 하나님의 통치를 원하고 성신님을 주시기를 간절히 기도해도 하나님이 혹시 주지 않으실지도 모른다고 걱정할 필요가 없습니다. 그런 걱정은 하나님의 약속에 대한 불신입니다. 하나님의 약속이 확실한 것을 믿어야 합니다. 약속을 보겠습니다.

"36 그런즉 이스라엘 온 집은 확실히 알지니 너희가 십자가에 못 박은 이 예수를 하나님이 주와 그리스도가 되게 하셨느니라 하니라 37 그들이 이 말을 듣고 마음에 찔려 베드로와 다른 사도들에게 물어 이르되 형제들아 우리가 어찌할꼬 하거늘 38 베드로가 이르되 너희가 회개하여 각각 예수 그리스도의 이름으로 세례를 받고 죄 사함을 받으라 그리하면 성령의 선물을 받으리니 39 이 약속은 너희와 너희 자녀와 모든 먼 데 사람 곧 주 우리 하나님이 얼마든지 부르시는 자들에게 하신 것이라 하고"(행 2:36-38).

하나님의 약속이 이렇게 분명하므로 비록 우리의 성장이 더디고 어떤 때에는 나에게 믿음이 있는지 없는지 모르겠다는 의심이 들더라도, 자기 생각보다 하나님의 약속을 더 굳게 믿고 계속 성경을 공부하고 기도하면서 전진해야 합니다. 그러면 반드시 좋은 결과를 얻게 됩니다. "5 눈물을 흘리며 씨를 뿌리는 자는 기쁨으로 거두리로다 6 울며 씨를 뿌리러 나가는 자는 반드시 기쁨으로 그 곡식 단을 가지고 돌아오리로다"(시 126:5-6). 그러므로 '나라이 임하옵소서' 하고 기도하는 사람은 말씀을 부지런히 공부하고 성신님의 능력을 구하는 기도를 해야 합니다.

하지만 '나라이 임하옵소서'라는 이 기도는 자기를 세우는 것만을 간구하는 것이 아닙니다. 그것뿐만 아니라 주님을 대적하는 모든 세력이 제압되고 주님의 통치가 온 세상에 든든히 서기를 간절히 구하는 것이기도 합니다. 교회를 보존하시고 흥왕케 하시기를 기도할 뿐만 아니라 '마귀의 일들과 주님께 대항하여 스스로를 높이는 모든 세력들, 그리고 주님의 거룩한 말씀에 반대하는 모든 악한 의논들을 멸하여 주옵소서' 하고 기도합니다. 주님의 나라가 임하기를 기도하는 사람은 주님의 나라에 저항하는 세력들이 멸절되기를 동시에 기도합니다. 구약 시편에 이런 기도가 많이 있습니다. 이것이 우리가 사는 세상의 현실에 대한 바른 인식입니다. 우리의 세상은 낭만적인 세상이 아닙니다. 주님의 나라가 이 세상에 임하여 전진하는 동안 그 나라를 대적하는 세력이 힘을 발휘하면서 그 나라를 공격하고 무너뜨리려 합니다. 사탄이 우는 사자 같이 다니면서 택하신 자라도 삼키려 합니다. 이 적대적 세력은 교회에 은밀하게 들어와 사람들에게 잘못된 사상을 주입하고 교회의 전진을 방해합니다. 이 모든 것이 마귀의 일인데, 이것은 교회 내에만 있는 것이 아닙니다. 세상에서도 마귀는 악의 세력으로 여러 가지 작태를 일삼습니다. 악인의 성공을 부추겨서 사람들로 하여금 정의에 대한 꿈을 버리게 만듭니다. 아무리 정직하게 살고 부지런히 일해도 아무 것도 안되더라 하는 생각을 넣어줍니다. 물론 세상에 그런 면이 없는 것이 아니지만 반드시 그렇기만 한 것이 아닙니다. 길게 보면 공의가 승리합니다. 그런데 마귀는 사람들에게 그런 생각을 할 여지를 주지 않습니다. 이런 것들이 종합적으로 하나님 나라의 대적입니다. 나라가 임하기를 기도할 때에는 그런 악들이 제거되기를 또한 기도하는 것입니다. 이렇게 기도하는 사람은 물론 악에 대항하여 싸우며, 악이 제거될 길을 찾으면 힘 자라는 데까지 그것을 위해서 자기 의무를 이행해야 합니다.

투표하는 날 놀러 가느라 투표에 참여하지 않는 것은 신자로서 부끄러운 일입니다. 사회의 공의를 위해서는 지불해야 하는 값이 있습니다. 그 희생을 귀찮아 한다면 공의는 서지 않을 것입니다. 이탈리아의 베를루스코니 같은 사람이 그렇게도 오랫동안 총리 직을 수행할 수 있었던 것은 이탈리아 국민이 정치에 너무나 염증을 느낀 나머지 정치에 무관심하기 때문이라고 합니다. 정치에 대한 무관심은 독재자가 가장 좋아하는 메뉴입니다. 국민으로 하여금 정치에 신경을 쓰지 못하게 하려고 독재자들이 전통적으로 사용하는 방법이 있습니다. 국민에게 오락의 기회를 제공하는 것입니다. 그것을 과거 독재정권 때에 3S라는 말로 표현했습니다. Sports, sex, screen이 그것입니다. 운동 경기에 온 신경을 집중하고 포르노에 취하며 영화에 정신을 빼앗기노라면 사람들은 그만큼 정치에 신경을 쓰지 못하게 됩니다. 독재자는 그 사이에 자기 하고 싶은 대로 하겠다는 것입니다. 국민이 지혜로운 나라에서는 이런 정책이 통하지 않습니다. 그들은 모든 권력은 반드시 부패한다는 것을 잘 알고 있습니다. 따라서 그들은 스포츠보다는 정부 정책에 더 큰 관심을 가지고 신문을 들여다 봅니다. 그리고 정부가 뭘 잘못하고 있으면 즉시 항의 서한을 보내든지 데모를 하든지 해서 잘못된 정책을 밀고 나가지 못하게 합니다. 그래도 계속 고집을 부리면 다음 선거에서 싹 바꿔 버립니다. 이게 민주주의가 작동하는 방식입니다.

이렇게 해서 신자는 이 땅에서 하나님의 나라 곧 하나님의 통치가 든든히 서기를 기도합니다. 먼저는 통치의 수단인 말씀을 연구하여 잘 알고, 성신의 능력으로 말씀을 순종하여 하나님의 나라를 증거합니다. 개인적으로도 힘을 쓰지만 교회적으로도 역시 힘을 씁니다. 뿐더러 인류 사회 전반에 대한 하나님의 뜻을 깨닫고 시민 생활에서도 의무를 다하며 공의를 추구합니다. 이것이 나라가 임하기를 기도하는 백성의 생활 태도입니다.

마지막으로 이 통치가 이루어지는지를 판단할 수 있는 기준에 대해서 보겠습니다. 이 통치는 열매로 나타나야 합니다. 개인적으로는 성신의 열매입니다. '사랑과 희락과 화평과 오래 참음과 자비와 양선과 충성과 온유와 절제'가 성신의 열매입니다. 사람이 하나님의 말씀을 배우고 성신의 능력을 받으면 이런 열매가 나타납니다. 뿐더러 "하나님의 나라는 먹는 것과 마시는 것이 아니요 오직 성령 안에 있는 의와 평강과 희락이라"(롬 14:17)는 말씀처럼 거기에 의로움과 평강과 기쁨이 있어야 합니다. 이런 사실이 있다면 거기에 하나님의 나라가 임했다고 말할 수 있습니다. 즉 주님께서 다스리시는 사실이 거기에 있는 것입니다. 그러므로 이런 가르침을 근거로 자신을 돌아보아야 합니다.

이런 기준을 우리에게 적용해 보면 우리가 매우 연약한 것을 느끼지 않을 수 없습니다. 하지만 거기서 주저앉으면 안 됩니다. 우리 소망의 근거는 우리 자신의 성공이 아니라 하늘에 계신 우리 아버지의 약속입니다. 나라가 임하기를 항상 기도하는 것은 그 나라가 우리가 만족스러울 만큼 임하지 않기 때문입니다. 하나님의 통치가 우리 안에서 충만히 이루어져 우리 자신을 포함한 모든 사람이 그의 법을 지켜야 마땅하지만 현실은 그렇지 않습니다. 그럴지라도 하나님의 백성은 절망스러운 우리 자신의 현실에 주저앉지 않고 눈을 들어 하늘을 바라보면서 '나라이 임하옵소서'라 기도하고, 마침내 그 나라가 충만히 임할 그 날을 기대하면서 매일 생활해 나가는 것입니다.

요리문답 주기도 49주

> 39 예수께서 나가사 습관을 따라 감람 산에 가시매 제자들도 따라 갔더니 40 그 곳에 이르러 그들에게 이르시되 유혹에 빠지지 않게 기도하라 하시고 41 그들을 떠나 돌 던질 만큼 가서 무릎을 꿇고 기도하여 42 이르시되 아버지여 만일 아버지의 뜻이거든 이 잔을 내게서 옮기시옵소서 그러나 내 원대로 마시옵고 아버지의 원대로 되기를 원하나이다 하시니 43 천사가 하늘로부터 예수께 나타나 힘을 더하더라 44 예수께서 힘쓰고 애써 더욱 간절히 기도하시니 땀이 땅에 떨어지는 핏방울 같이 되더라(눅 22:39-44)

'나라이 임하옵소서'라는 간구는 교회를 통해서 이루어지는 하나님의 은혜의 통치가 이 땅에서 이루어지기를 원하는 기도입니다. 하나님의 권능의 통치는 기도의 대상이 아닙니다. 우리가 무엇을 어떻게 기도하든 하나님의 권능의 통치는 이루어지는 것입니다. 그러나 은혜의 통치는 우리의 기도의 대상입니다. 우리가 그 통치가 구현되기를 소원하며 또한 그 목표를 향해서 실천해야 한다는 의미에서 기도의 대상이라는 뜻입니다.

  이 통치의 수단이 말씀과 성신이라고 했습니다. 왜 말씀이라고만 하지 않고 말씀과 성신이라고 할까요? 성신님께서 말씀을 은혜의 방도로 사용하시지 않으면 말씀이 구원의 은혜를 끼치지 않기 때문입니다. 이것이 중요한 교리이므로 조금 더 설명하겠습니다. 사과에 대해서 모르는 사람에게 사과를 설명하는 경우를 생각해 보십시다. 사과의 종류, 색깔, 모양 등을 설명하고 맛을 설명할 수 있습니다. 혹은 사과의 그림을 보여줄 수도 있고 슬라이드나 동영상을 사용하여 더욱 실감나게 사과에 대해서 설명할 수 있습니다. 아마 사과를 한 입 베어 물 때 나는 '아삭' 하는 소리를 들려줄 수도 있을 것입니다. 그렇게 해서 사과에 대해서 잘 배우고 외운 사람들은 사과에 대한 지식을 가지고 사과에 대한 시험문제를 풀 수도 있을 것입니다. 그런데 이 모든 지식을 다 갖춘다고 해서 사과의 맛을 정말로 아는 것은 아닙니다. 그가 정말로 사과의 맛을 알려면 사과를 먹어봐야 합니다. 사과를 먹는 것은 사과에 대한 설명을 읽는 것과는 다른 일입니다. 설명은 항상 물건에 관한 것이지 물건 자체가 아닙니다.

  말씀과 성신의 관계를 이와 매우 유사하게 이해할 수 있습니다. 말씀은 하나님의 은혜에 대한 설명입니다. 설명을 잘 듣고 배우고 이해하면 은혜에 대해서 말도 할 수 있고 문제에 대해서 답도 쓸 수 있습니다. 그렇다고 해서 은혜를 직접 맛보고 경험하는 것은 아닙니다. 그것은 별도의 과정과 능력으로 임해야 합니다. 우리가 가장 흔히 쓰는 사죄의 기쁨이라는 표현에 대해서 보십시다. 사죄란 죄를 용서 받는 것입니다. 그러므로 사죄의 기쁨이란 말은 죄를 용서 받은 사람이 느끼는 기쁨이라는 뜻입니다. 당연한 일입니다. 죄를 범하면 양심의 가책이 자기를 고통스럽게 합니다. 자기의 죄로 인해서 피해를 당한 사람에 대한 죄의식을 버릴 수 없습니다. 나아가서 그 죄를 완전히 알고 끝까지 추적하시는 하나님을 생각하면 끔찍하기 한이 없습니다. 그런 상태에 있는 사람이 예수 그리스도를 통해서 죄를 용서 받을 길이 생겼다는 것을 알고 그 길을 찾아서 죄를 용서 받으면 정말로 기쁠 것입니다. 죄의식이 가져다 주는 양심의 가책이 없어지고 하나님이 더 이상 자기를 심판하고 벌 주지 않으리라는 것을 알면 마음에 안심이 되어 안정을 찾고 따라서 기쁨을 느끼지 않을 수 없습니다. 이것이 사죄의 기쁨입니다.

그러나 이 설명을 다 아는 것과 실제로 사죄의 기쁨을 경험하여 마음에 평안을 가지고 사는 것은 다른 일입니다. 마치 사과의 맛에 대해서 다 알아도 사과를 먹지 않으면 그 맛을 경험하지 못하는 것과 유사합니다. 그러면 사죄의 기쁨을 실제로 우리 마음에 가져다 경험하게 하는 것이 어떻게 가능합니까? 성신님께서 바로 그 일을 하시는 것입니다. 말씀은 은혜에 대해서 가르쳐주고 성신께서는 말씀이 설명하는 은혜의 실질을 우리 마음속에 일으킵니다. 이 두 가지 요소 곧 말씀과 성신이 없이는 하나님의 통치가 이루어지지 않습니다. 하나님의 통치는 우리 마음속에 하나님의 교훈이 들어와 힘을 발휘하여 마음으로 교훈을 따르게 하는 능력이기 때문입니다.

여기서 사람이 할 수 있는 것과 사람이 할 수 없는 것의 경계가 분명합니다. 사람은 성경의 가르침을 설명하거나 읽거나 이해할 수 있습니다. 사람이 할 수 있는 일은 거기까지입니다. 그 교훈을 사람의 영혼 속에 적용하여 실질을 경험하게 하는 일은 사람의 능력 밖의 일입니다. 그 일은 오직 성신님만이 하실 수 있습니다. 그래서 설교자는 설교를 하고서 '성신님께서 이 말씀을 청중의 마음속에 적용하여 주옵소서. 그렇지 않으면 저의 모든 노력은 허사입니다'라고 기도해야 합니다. 청중은 '성신님께서 이 말씀을 저의 마음속에 적용하여 주옵소서. 저는 스스로 이 은혜를 끌어올 수 없습니다. 오직 성신님의 자비를 의지합니다'라고 기도해야 합니다. 그러므로 하나님께서는 말씀만으로도 아니고, 성신님만으로도 아니고, 말씀과 성신으로 통치하신다는 사실을 기억하고 한편으로는 말씀을 공부하고 다른 한편으로는 성신님을 의지하는 기도를 늘 해야 합니다.

제49주일

124문: 셋째 간구는 무엇입니까?

답: "뜻이 하늘에서 이룬 것같이 땅에서도 이루어지이다"로, 이러한 간구입니다. "우리와 모든 사람들이 자기 자신의 뜻을 버리고, 유일하게 선하신 주님의 뜻에 불평 없이 순종하게 하옵소서. 그리하여 각 사람이 자신의 직분과 소명을 하늘의 천사들처럼 즐거이 그리고 충성스럽게 수행하게 하옵소서."

셋째 간구는 '뜻이 하늘에서 이룬 것 같이 땅에서도 이루어지이다'입니다. 둘째 간구는 하나님의 나라가 임하는 것이었는데, 셋째 간구는 하나님의 뜻이 이루어지는 것입니다. 이 둘은 근본적으로 동일한 내용을 구하는 것이지만 구체적인 측면에서 보면 차이가 있습니다. 하나님의 나라가 임하기를 구하는 것은 하나님의 통치가 이 땅에서 이루어지기를 구하는 것이며, 이 간구에서는 한편으로 내가 그 통치를 받기를 구하며 다른 한편으로는 그 통치가 온 세상에서 이루어지기를 구합니다. 그런데 이 셋째 간구에서는 그 나라의 통치를 받는 실제 내용으로서 하나님의 뜻을 내가 순종하기를 구합니다. 그러므로 실 내용에서는 차이가 있습니다.

이 문제를 다루기 전에 사람이 하나님의 뜻을 이룬다는 문제와 관련하여 큰 원칙을 하나 보겠습니다. 하나님의 뜻이란 하나님께서 이루시기를 원하는 어떤 일입니다. 하나님은 이 뜻을 이루십니다. 자연법칙도 하나님의 뜻의 결과입니다. 하나님은 우리가 사는 태양계가 만유인력의 법칙에 의해서 작동되기를 원하십니다. 그것이 하나님의 뜻입니다. 예를 들어서 건물 꼭대기에서 돌을 떨어뜨리면 그 물건은 1초에 약 9.8m씩 속도가 증가하면서 지구의 중심을 향해 떨어집니다. 이것을 가리켜서 중력가속도라 합니다. 돌이 이렇게 떨어지는 것은 하나님께서 그렇게 떨어지도록 뜻하시기 때문입니다. 물론 하나님은 이 법의 지배를 받지 않습니다. 하나님은 돌이 떨어지지 않고 공중에 떠 있게 할 수도 있고, 돌이 거꾸로 하늘로 올라가게 할 수도 있습니다. 그런데 일반적으로 하나님은 그렇게 되기를 원치 않고 중력가속도의 법칙을 따라서 돌이 떨어지기를 원하십니다. 그래서 돌이 그렇게 떨어지는 것입니다. 이렇게 돌이 떨어질 때에 돌은 그 사실에 대해서 아무런 역할을 하지 않습니다. 돌은 완전히 수동적으로 그 법의 지배를 받아서 떨어집니다. 돌이 떨어지고자 하는 의지가 있어서 떨어지는 것이 아닙니다. 그것은 수동적으로 떨어집니다.

그런데 사람에게서 하나님의 뜻이 이루어지는 것은 이와 다릅니다. 예를 들어서 '서로 사랑하라'는 계명을 놓고 보십시다. 이 계명은 '돌아, 중력가속도의 법칙에 따라서 떨어져라' 하는 명령과 다릅니다. 그 명령이 성취되는 방법에서 다릅니다. 돌은 아무 생각 없이 떨어지지만, 사람의 경우에는 그렇지 않습니다. 그 명령을 순종하겠다는 의식을 하나님께서 사람의 마음속에 일으키십니다. 그래서 사람이 그 명령의 의미를 알고 그것을 지키고자 하는 소원을 가지고 그 명령을 지키려고 애를 쓰는 가운데 그 명령이 이루어지도록 하십니다. 이런 과정을 통해서 하나님은 자신의 자녀들이 서로 사랑하면서 살기를 원하는 뜻을 이루십니다. 즉 우리 안에 소원을 일으켜서 그 뜻을 이루도록 하시는 것입니다. 이것이 하나님께서 물질을 향한 물리적 뜻과 사람을 향한 도덕적 뜻을 이루시는 방법의 차이입니다.

그러므로 사람을 향한 하나님의 뜻이 이루어지려면 사람이 그 뜻을 알고 그 뜻에 순종하고자 하는 소원을 품고 그 뜻을 순종하기 위해서 노력해야 합니다. 이것이 하나님의 뜻이 이루어지는 과정이요 방법이기 때문입니다. 이렇게 되려면 사람은 기도를 해야 합니다. 그래서 주님은 '뜻이 하늘에서 이룬 것 같이 땅에서도 이루어지이다'라고 기도하라고 명하신 것입니다. 동시에 기억할 것이 있습니다. 이 모든 과정은 시작과 진행과 결말이 하나님의 통치 하에 있습니다. 하나님께서 사람을 구원하시고, 그 마음에 하나님의 뜻을 이루고자 하는 소원을 두시고, 사람은 그 뜻을 이루기 위해서 기도하고, 그 기도의 응답으로 능력을 받아서 그 뜻을 이루는 것입니다. 이 모든 과정은 완전히 하나님의 통치 하에 있고, 사람은 그 통치를 받아서 하나님의 뜻을 이루는 것입니다. 이것이 하나님의 뜻이 이루어지는 전체 과정입니다. 이 사실을 기억하고 이제 이 간구의 의미를 좀 더 살펴보겠습니다.

하나님의 뜻이 이루어지기를 원하는 사람은 당연히 자신이 하나님의 뜻을 이루기를 소원합니다. 자신이 하나님의 뜻을 이루기를 원치 않으면서 하나님의 뜻이 이루어지기를 기도하는 사람은 없을 것입니다. 그런데 자기 생활에서 하나님의 뜻을 이루기를 원하는 사람이 가장 먼저 부딪치는 문제는 자기의 뜻이 하나님의 뜻과 일치하지 않는다는 사실입니다. 이것이 인간의 비극의 근원입니다. 사람은 마음의 가장 깊은 곳에서 하나님의 뜻과는 다른 뜻을 가집니다. 이것이 원죄의 결과입니다. 죄가 없었던 우리의 처음 조상 아담과 하와에게서는 그렇지 않았습니다. 그들은 마음속에 하나님의 뜻에 대한 근본적인 반항이 없이 출발했습니다. 그러다가 뱀의 유혹으로 인해서 마음속에 반항이 발생했고 결국 선악과를 먹고 타락했습니다. 타락의 결과 사람의 마음의 방향이 하나님의 뜻에 반대되는 쪽으로 정해진 것입니다. 이것이 모든 사람의 근본적인 연약입니다.

본문은 바로 이 사람의 연약을 우리 주 예수 그리스도께서 친히 겪으셨음을 보여줍니다. 겟세마네에서 기도하실 때 예수 그리스도께서는 '십자가의 고난을 피할 수만 있다면' 하는 마음이 일어나는 것을 느끼셨습니다. 그리스도의 이 느낌은 그가 인간으로서 우리를 대표하시기 때문입니다. 그리고 우리의 연약을 친히 담당하셨기 때문입니다. 이와 같이 그리스도는 우리의 연약을 아시는 분입니다. 그러나 그리스도는 자신의 뜻을 주장하지 않았습니다. 그 뜻을 즉시 하나님의 뜻에 복종시키셨습니다. 그래서 그리스도는 하나님의 뜻에 저항하는 죄를 범치 않으셨습니다. 율법을 완전히 이루신 것입니다. 하지만 그리스도께서는 하나님의 뜻과 인간의 뜻이 충돌하는 것이 어떤 것임을 보여 주셨습니다. 그리고 그런 충돌이 발생할 때에 사람이 마땅히 취해야 하는 태도가 무엇임을 보여 주셨습니다. 그것은 "내 원대로 마옵시고 아버지의 원대로 되기를 원하나이다"(눅 22:42하) 였습니다.

사람의 뜻이 하나님의 뜻과 일치하지 않는다는 것이 인간의 항구적이고 근원적인 문제입니다. 이 문제를 어떻게 해결해야 할까요? 불신자라면 자기의 뜻을 주장하면서 하나님께 그 뜻을 바꾸시라고 말할 것입니다. 그러나 하나님의 자녀에게는 있을 수 없는 일입니다. 자기의 뜻을 꺾고 하나님의 뜻을 따라야 합니다. 이것을 가리켜서 자기부인이라고 합니다. 우리는 자기부인이 어떤 한 순간에 끝나는 일이 아님을 쉽게 알 수 있습니다. 왜냐하면 우리가 이 세상에서 사람의 몸을 입고 사는 한 항상 자기의 뜻이 하나님의 뜻을 거슬리는 상태에 있기 때문입니다. 그리스도께서 '뜻이 하늘에서 이룬 것 같이 땅에서도 이루어지이다'라고 기도하라 하신 것은 결국 자기부인의 생활을 위한 능력을 간구하라는 뜻입니다. 그러므로 우리는 항상 자기를 부인하고 자기 뜻을 꺾고 하나님의 뜻을 따르는 생활에 힘을 써야 합니다.

이것은 물론 하나님께서 그 일을 우리 안에서 이루시기 때문에 가능합니다. 이것을 위해서 하나님은 우리를 그리스도와 신비하게 연합시키셨습니다. 그리고 그리스도를 십자가에 달려 죽게 하실 때에 우리도 그리스도와 함께 죽게 하셨습니다. 그래서 우리 옛 사람을 십자가에 못 박으셨습니다. 그리고 그리스도께서 부활하실 때에 우리도 함께 일으키셨습니다. 그러므로 이제 우리는 하나님의 은혜를 의지하여 새 생명 가운데 행할 수 있습니다. 물론 우리에게 부패의 요소가 아직 남아 있어서 새 삶을 방해합니다. 하지만 이것은 하나님께서 섭리로 허락하신 일입니다. 부패의 요소가 우리 안에 있어서 우리로 통곡하게 하고 고통스럽게 하지만 그로 인해서 우리는 겸손해집니다. 이 겸손은 하나님의 뜻에 대하여 우리의 마음을 부드럽게 만들어 그 뜻을 따르게 합니다. 또한 부패의 요소에 대항해서 우리는 더욱 힘써 성신님을 의지합니다. 그래서 그것이 또한 우리로 믿음을 위한 싸움에 더욱 힘을 내게 합니다. 그리고 부패의 힘에 저항하여 승리하는 과정에서 우리는 자신의 구원의 확증을 얻으며 하나님의 능력을 확인합니다. 그러므로 우리에게 부패의 요소가 남아 있는 것 때문에 걱정할 필요가 없습니다. 우리의 의무는 그것 때문에 불평하고 걱정하고 낙담하는 것이 아니라 그것과 싸워 이기는 일에 전념하는 것입니다. 전쟁에 나간 군인은 적이 있다고 해서 불평하거나 낙담하면 안 됩니다. 그 적을 무찌를 궁리만 해야 합니다. 이것이 자기 안의 부패를 대하는 신자의 정당한 자세입니다. 이렇게 하기 위해서 우리는 '뜻이 하늘에서 이룬 것 같이 땅에서도 이루어지이다'라고 기도해야 합니다.

하나님의 뜻이 어떻게 우리에게 나타날까요? 크게 두 가지로 나타납니다. 첫째, 하나님의 전능한 통치의 현실 속에서 나타나고, 둘째, 도덕적 명령으로 나타납니다. 이 두 가지를 조금 더 자세히 보겠습니다. 우리는 하나님께서 주권적으로 하시는 일을 보고 하나님의 뜻을 알 수 있습니다. 남자와 여자로 태어난 것을 예로 보면, 남자로 태어난 사람은 남자로 살아야 하고 여자로 태어난 사람은 여자로 살아야 합니다. 하나님께서 그렇게 남자와 여자로 보내셨기 때문입니다. 그러므로 남자로 태어난 사람이 내가 남자로 사는 것이 하나님의 뜻인지 여자로 사는 것이 하나님의 뜻인지 모르겠다고 하면 말이 안 됩니다. 비록 태어나기는 남자로 태어났지만 나는 여자로 살고 싶다고 하는 것은 하나님의 뜻에 명백하게 위배되는 일입니다. 뿐더러 우리는 세상에 올 때 자신이 선택할 수 없는 많은 조건 속에서 태어납니다. 그런 현실은 하나님께서 결정하여 그 안에 우리를 두신 것이므로 그 결정을 하나님의 뜻으로 받아들여야 합니다. 이것이 하나님의 뜻이 나타나는 첫째 방법입니다.

하나님의 뜻이 나타나는 둘째 방법은 도덕적 명령입니다. 곧 십계명으로 요약되는 행위의 규범입니다. 이 행위의 규범에는 하나님에 대한 태도와 사람에 대한 태도가 규정되어 있습니다. 그러므로 십계명은 빠진 것이 없이 모든 것이 갖춰진 완전한 규범입니다. 물론 거기에 명시적으로 기록되지 않은 것은 추론에 의해서 알아낼 수 있습니다.

여기서 조금 더 생각할 것이 있습니다. 곧 첫째 방법으로 드러난 하나님의 뜻과 둘째 방법으로 드러난 하나님의 뜻이 어떻게 조화되느냐 하는 문제입니다. 오늘날 전 세계적으로 문제가 되고 있는 빈부의 문제를 예로 보십시다. 어떤 사람은 부자로 태어나 부자로 살고 어떤 사람은 가난한 집안에 태어나 가난하게 삽니다. 어떤 사람은 근면한 삶을 통해서 부를 획득하지만 어떤 사람은 부모 덕에 태어나면서 부자인 사람들도 있습니다. 가난한 사람의 경우도 어떤 사람은 게으름이나 낭비 같은 개인적인 악덕으로 인해서 가난하게 되지만 어떤 사람은 개인의 잘못이 없이 가난하게 살 수밖에 없는 경우들이 있습니다. 이유야 어떠하든지 현실적으로는 하나님께서 어떤 사람은 부자로 어떤 사람은 가난한 사람으로 살게 하십니다. 하나님께서 부자로 살게 하신 사람은 그것이 하나님의 뜻이므로 부자로만 살아야 하고, 하나님께서 가난 가운데 두신 사람은 그것이 하나님의 뜻이므로 가난하게만 살아야 합니까?

거기에 좀 더 깊이 생각해봐야 할 바가 있습니다. 첫째, 각 사람이 개인적으로는 하나님의 처분에 복종해야 합니다. 즉 부자가 더 큰 부자가 되기 위해서 돈에 욕심을 낸다든지, 가난한 사람이 부자로 살기 위해서 돈을 탐내서는 안 됩니다. 각 사람은 하나님께서 완전한 통치권을 가지고 자기를 두신 위치에서 만족하고 감사하면서 살아야 합니다. 물론 이 삶은 체념이 아닙니다. 삶의 현상에 만족하되 성실하고 부지런히 일하면서 사는 것입니다. 단지 자기 생활을 영위하는 것으로만 만족하지 말고 다른 사람의 생활까지 돌아보려는 적극적인 태도를 가지고 살아야 합니다. 이것이 신자의 건설적이고 훌륭한 생활입니다. 우리 모두는 이런 태도로 살아야 합니다. 성경이 그것을 분명히 명합니다. "각각 자기 일을 돌볼뿐더러 또한 각각 다른 사람들의 일을 돌보아 나의 기쁨을 충만하게 하라"(빌 2:4). "도둑질하는 자는 다시 도둑질하지 말고 돌이켜 가난한 자에게 구제할 수 있도록 자기 손으로 수고하여 선한 일을 하라"(엡 4:28).

그런데 이것으로 끝이 아닙니다. 하나님께서는 우리에게 서로 사랑하라는 계명을 주셨습니다. 하나님께서는 어떤 사람은 부자의 처지에, 어떤 사람은 가난하게 살 수밖에 없는 처지에 두시고 서로 사랑하라 하신 것입니다. 그런데 사랑의 계명의 원칙이 다른 사람을 자기 몸처럼 사랑하는 것입니다. 그러므로 부자는 가난한 사람을 자기 몸처럼 사랑해야 하고, 가난한 사람은 부자를 자기 몸처럼 사랑해야 합니다. 그렇다면 그 사랑은, 부자는 자기의 부를 사용하여 가난한 사람을 돕고 가난한 사람은 그 도움을 통해서 부자를 사랑하고 자기도 부자가 되면 가난한 사람을 돕는 형식으로 표현되어야 합니다. 이렇게 해서 이 두 가지 하나님의 뜻이 결합하여 하나님에게는 영광이 사람에게는 기쁨이 되는 것입니다. 즉 하나님께서 전능하신 통치의 결과로 세상에 허락하신 빈부의 문제가 사랑의 계명을 통해서 궁극적인 복이 되는 것입니다.

이렇게 되면 돈이 얼마나 아름다운 역할을 하는지 알 수 없습니다. 통상 돈을 경제의 핏줄이라고 합니다. 발달된 자본주의 사회에서 금융의 붕괴를 그렇게도 두려워하는 것이 그런 이유 때문입니다. 금융이 기능을 잃으면 돈줄이 막힙니다. 사람으로 말하면 피가 통하지 않게 되는 것이므로 사회가 무너지게 되겠지요. 그래서 어떤 사회의 경제적 건전성은 금융의 안전성과 밀접하게 연결되어 있습니다.

그런데 성경의 원칙으로 보면 돈의 효용은 이것만이 아닙니다. 그것은 또한 그 사회에 사랑을 흐르게 하는 방법이기도 합니다. 사회에는 반드시 부자와 가난한 자가 있게 마련입니다. 많은 부자들은 돈을 벌되 주체할 수 없이 많은 부를 획득합니다. 그럴 때 그 부를 흩어 가난한 자를 돕는다면 그 행동이 얼마나 사회에 건전한 기여를 하는지 측량할 수도 없습니다. 첫째, 그 부를 통해서 혜택을 보는 가난한 사람들에게 유익이 돌아갑니다. 둘째, 그 선행을 보는 사람들의 마음에 기쁨을 주며 그 마음을 부드럽게 만듭니다. 그러면 사람들의 마음이 덜 살벌해집니다. 이렇게 해서 가난한 사람들은 부자가 자기들을 쥐어 짠다고 생각하지 않을 것이며 부자에 대한 증오가 수그러들 것입니다. 결국 더욱 안전하고 살기 좋은 사회가 될 것입니다. 돈이 사회에 사랑을 증진하고 사람들을 선하게 만드는 결과를 가져오는 것입니다. 돈은 이렇게 사용되는 것이 하나님의 뜻입니다. 그렇게 해서 인간 사회가 더 복을 받게 하려고 하나님은 모든 사회에 부자와 빈자를 두십니다. 이 뜻을 깨닫고 순종하는 사회는 복을 받고 더 평안하고 안전한 사회가 됩니다. 이 뜻을 부정하고 부자들이 계속해서 돈을 움켜쥐려는 사회, 가난한 사람은 부자가 자기의 재산을 빼앗아 갔다고 느끼는 사회는 훨씬 불안하고 불행한 사회가 됩니다. 물론 이 원칙은 돈에만 국한되지 않습니다. 돈이든 재능이든 남보다 무엇을 더 가진 사람은 그것을 없는 사람과 나눌 생각을 해야 합니다. 요즘 재능 기부라는 새로운 방식의 봉사가 시도되고 있습니다. 재능과 시간이 있는 사람들이 그것을 필요로 하는 곳에 나누는 것입니다. 이런 일들이 더욱 널리 확산되어야 합니다.

이와 유사한 관찰을 장애자에게 적용할 수 있습니다. 하나님은 어떤 사람은 성한 사람으로 어떤 사람은 장애자로 보내십니다. 그럼 성한 사람은 성한 사람으로 살고 장애자는 영원히 장애자로 사는 것이 하나님의 뜻입니까? 그렇지 않습니다. 거기에 동시에 다른 사람을 자기 몸처럼 사랑하라는 사랑의 계명이 또한 하나님의 뜻으로 있습니다. 그렇다면 성한 사람은 장애자가 성한 사람처럼 살 수 있는 길을 마련하기 위해서 노력해야 합니다. 자기가 장애로 인한 불편을 경험하기 싫다면 장애자가 그것을 경험하지 않고 살 수 있는 길을 마련해야 하는 것입니다. 이렇게 해서 성한 사람이 장애자에게 필요한 도움을 제공함으로써 장애자의 존재가 하나님의 영광을 드러내며 사람 사이에 복을 가져다 주는 도구로 사용되는 것입니다. 마침내 완성된 나라가 임할 때에는 더 이상 장애의 슬픔이나 고통은 없습니다.

마지막으로 '뜻이 하늘에서 이룬 것 같이'라는 구절을 보겠습니다. 이 기도는 하나님을 '하늘에 계신 우리 아버지'라고 부릅니다. 하나님은 하늘이라고 표현되는 영역에 거하시는 분입니다. 그런데 이 간구에서 그 하늘이 어떤 곳인지 더 드러납니다. 그 하늘은 하나님의 뜻이 완전히 이루어지는 곳입니다. 천군과 천사들이 항상 하나님을 수종들면서 명하신 것을 지체하지 않고 온전히 수행합니다. 그 하늘에서는 하나님의 뜻이 완전히 이루어집니다. 아버지의 뜻이 이루어지기를 바라는 신자의 소원은 그 뜻이 대강 이루어지는 것으로 만족하지 못합니다. 99.99 퍼센트가 이루어지는 것으로 만족하지 못합니다. 그 뜻은 완전히 이루어져야 합니다. 그것이 '뜻이 하늘에서 이룬 것 같이'라는 구절의 의미입니다. 이것은 당연히 그래야 합니다. 하나님은 완전하신 분입니다. 그러므로 그 뜻이 완전히 이루어지는 것이 99.99 퍼센트 이루어지는 것보다 더 좋은 일입니다. 우리의 현실은 99.99 퍼센트만 이루어져도 좋겠다는 생각을 품게 할 만합니다. 하지만 주님은 그것으로 만족하지 말라 하셨습니다. 하늘에 계신 우리 아버지의 뜻은 완전히 이루어져야 합니다. 자녀의 소원도 그것이 되어야 합니다. 그것을 위해서 기도하고 전념하는 것이 마땅할 것입니다.

그러므로 한편으로 우리는 하나님께서 우리에게 허락하신 삶의 조건 속에서 만족하면서 최선을 다하고, 다른 한편으로는 하나님의 도덕법에 순종함으로써 주어진 삶의 조건을 더욱 정상적이고 행복하게 만들어가야 합니다. 이것이 뜻이 하늘에서 이룬 것 같이 땅에서도 이루어지기를 기도하라 하신 예수님의 뜻입니다.

요리문답 주기도 50주

25 그러므로 내가 너희에게 이르노니 목숨을 위하여 무엇을 먹을까 무엇을 마실까 몸을 위하여 무엇을 입을까 염려하지 말라 목숨이 음식보다 중하지 아니하며 몸이 의복보다 중하지 아니하냐 26 공중의 새를 보라 심지도 않고 거두지도 않고 창고에 모아 들이지도 아니하되 너희 하늘 아버지께서 기르시나니 너희는 이것들보다 귀하지 아니하냐 27 너희 중에 누가 염려함으로 그 키를 한 자라도 더할 수 있겠느냐 28 또 너희가 어찌 의복을 위하여 염려하느냐 들의 백합화가 어떻게 자라는가 생각하여 보라 수고도 아니하고 길쌈도 아니하느니라 29 그러나 내가 너희에게 말하노니 솔로몬의 모든 영광으로도 입은 것이 이 꽃 하나만 같지 못하였느니라 30 오늘 있다가 내일 아궁이에 던져지는 들풀도 하나님이 이렇게 입히시거든 하물며 너희일까보냐 믿음이 작은 자들아 31 그러므로 염려하여 이르기를 무엇을 먹을까 무엇을 마실까 무엇을 입을까 하지 말라 32 이는 다 이방인들이 구하는 것이라 너희 하늘 아버지께서 이 모든 것이 너희에게 있어야 할 줄을 아시느니라 33 너희는 먼저 그의 나라와 그의 의를 구하라 그리하면 이 모든 것을 너희에게 더하시리라 34 그러므로 내일 일을 위하여 염려하지 말라 내일 일은 내일이 염려할 것이요 한 날의 괴로움은 그 날로 족하니라(마 6:25-34)

주님께서는 우리에게 어떻게 기도해야 할지를 가르쳐 주셨습니다. 언뜻 생각하면 이 기도가 기독교라는 종교에만 적용되는 종교적인 기도라고 생각하기 쉽지만 그렇지 않습니다. 하나님의 형상으로 지음 받은 사람이라면 누구나 이 기도를 드리고 살아야 합니다. 신자는 그렇게 기도해야 한다는 사실을 알고 기도하지만 불신자는 그것을 모르니까 기도하지 않을 뿐입니다. 신자는 은혜를 받아서 깨닫는 마음이 있어서 그렇지만 불신자는 깨닫는 마음이 없어서 모를 뿐입니다.

이 기도에서 주님은 가장 먼저 기도의 대상을 '하늘에 계신 우리 아버지'라고 가르치신 후에, 바로 이어서 먼저 무엇을 가장 중요히 기도해야 할지를 가르치셨습니다. 곧 하나님의 이름이 거룩히 여김을 받는 것, 하나님의 나라가 이 땅에 임하는 것, 하나님의 뜻이 하늘에서 이룬 것 같이 땅에서도 이루어지는 것을 위하여 기도하라 하셨습니다. 이런 순서로, 이런 말로 기도하라는 주님의 가르침은 참된 기도가 무엇이며 우리가 마음속으로 정말로 소원하면서 살아야 할 것이 무엇인지를 보여 줍니다. 주님의 기도는 우리가 기도해야 할 모든 것, 또한 그것을 어떻게 기도해야 한다는 것을 가르칩니다.

제50주일

125문: 넷째 간구는 무엇입니까?

답: "오늘날 우리에게 일용할 양식을 주옵소서"로, 이러한 간구입니다. "우리의 몸에 필요한 모든 것들을 내려 주시며, 그리하여 오직 주님이 모든 좋은 것의 근원임을 깨닫게 하시고, 주님의 복 주심이 없

이는 우리의 염려나 노력, 심지어 주님의 선물들조차도 우리에게 아무 유익이 되지 못함을 알게 하옵소서. 그러므로 우리로 하여금 어떤 피조물도 의지하지 않고 오직 주님만 신뢰하게 하옵소서."

넷째 간구는 '오늘날 우리에게 일용할 양식을 주옵소서'입니다. 사람마다 느끼는 정도가 다 같지는 않겠지만 주님께서 가르치신 기도에 포함된 간구들 가운데 이 간구만큼 우리에게 현실적이고 절실한 간구는 없을 것입니다. 복잡한 설명과 수식을 다 제거하고 이 간구를 한마디로 말하면 '우리에게 매일 먹을 것을 주어 살게 해주십시오'입니다. 저는 이 간구를 명상하면서 아프리카에서 굶어 죽어가는 아이들의 눈빛을 계속 떠올리지 않을 수 없었습니다. 먹을 것이 없어 죽어가면서 먹을 것을 구하는 허기진 아이들의 눈빛을 보면서 주님께서 '우리에게 먹을 것을 주십시오'라고 기도하라 하신 이유를 생각해 보았습니다.

이 기도를 해야 한다는 것은 먹어야 사는 것이 우리의 현실임을 상기시킵니다. 이것이 우리의 가장 기초적인 현실입니다. 다음으로는 먹고 살기가 현실적으로 쉽지 않다는 엄연한 현실이 거기에 또 있습니다. 사람이 먹고 살기 어렵다는 현실은 두 가지로 나타납니다. 하나는 어떤 이유에서건 당장 먹을 것이 없는 현실입니다. 먼 아프리카까지 가지 않더라도 우리 주변에도 당장 먹을 것이 없는 사람들이 있습니다. 먹을 것이 늘 있는 사람은 어떻게 그런 일이 있을 수 있느냐 하고 의아하게 생각할 수 있습니다. 하지만 그렇지 않습니다. 우리 주변에는 먹을 것이 없어서 굶주리는 사람들이 얼마든지 있으며 그렇게 되기는 쉽습니다. 이른바 결식 아동이라 해서 학교에 도시락을 싸오지 못하는 아이들이 얼마든지 있습니다. 오늘날 우리 사회에서 직장을 잃으면 쉽게 그런 위치에 떨어지며, 실제로 직장을 잃는 사람이 얼마든지 있다는 것을 생각하면, 아무리 풍부한 자본주의 사회에 살더라도 먹을 것이 없는 상태에 떨어질 수 있음을 충분히 이해할 수 있습니다. 한국에서도 그렇고 미국에서도 그렇고 아프리카에서도 그렇습니다. 다른 하나는 아무리 돈과 먹을 것이 많이 있어도 사람은 먹지 못하는 현실에 직면할 수 있습니다. 예를 들어서 음식을 섭취하여 소화하고 흡수하는 기관에 이상이 생기면 사람은 먹지 못합니다. 누군가가 사람은 결국 굶어 죽는다고 말하는 것을 들었습니다. 물론 여타의 이유로 죽는 사람도 많이 있지만, 특별히 지병이 없이 수를 다하고 죽는 사람들은 결국 먹지 못해서 죽습니다. 이것은 다른 의미이지만 역시 먹고 사는 일이 사람에게 녹록치 않은 현실을 보여 줍니다.

 사람은 먹어야 살게 되어 있는데도 먹고 사는 일이 녹록치 않은 현실이 우리에게 현실의 고통스러움을 보여 줍니다. 이것이 비정상적인 현실입니다. 먹는 것만 문제가 아닙니다. 사람은 호흡을 하면서 살게 되어 있습니다. 그런데 호흡하는 일이 점점 우리에게 녹록치 않은 일이 되고 있습니다. 사람이 공기를 오염시킨 결과입니다. 사람은 먹고 호흡해야 살 수 있는 존재이지만, 먹을 것을 구하고 숨쉬기에 좋은 공기를 구하는 것이 어려운 이런 현실이라는 게 실은 말이 안 되는 것입니다. 이런 상황이 되면 안 되는 것입니다. 원래 하나님께서 처음 만들어서 사람으로 살게 하신 환경은 이렇지 않았습니다. 동산에는 보기에 좋고 먹기에 좋은 나무가 가득했습니다. 사람은 처음부터 먹어야 사는 존재로 만들어졌으나 먹는 것이 전혀 문제가 되지 않았습니다. 손만 뻗으면 먹을 것이 얼마든지 있었습니다. 그러므로 사람은 먹어야 사는 존재라는 사실과 먹을 것이 있다는 사실이 잘 조화를 이뤘습니다. 이것이 정상적이고 행복한 상태입니다. 하나님께서 원래 의도하신 환경은 그러했으나 사람이 타락하여 그 환경이 파괴되었습니다. 먹어야 한다는 사실과 먹을 것이 없다는 사실 곧 서로 모순되는 두 가지 현실 속에서 사람은 살아야 하게 되었습니다. 이 부조화 때문에 사람은 노동을 해야 합니다. 원래 노동은 살기 위한 것이 아니었습니다. 살기 위한 모든 조건을 하나님께서 만족시켜 주신 터 위에서 사람은 더욱 의미 있는 하나님의 명령을 수행해야 했습니다. 그런데 지금 우리가 사는 세상은 그런 세상이 아닙니다. '먹을 것을 주십시오' 하고 기도해야 하는 상황입니다. 그래서 주님은 '오늘날 우리에게 일용할 양식을 주옵소서'라고 기도하라 하셨습니다.

하지만 이 간구의 의미는 거기서 끝나지 않습니다. 하나님께서는 먹어야 하지만 먹을 것이 없는 이 상황을 도리어 하나님의 백성을 위한 은혜의 도구로 사용하십니다. 하나님께서 자신의 백성에게 먹을 것 걱정 없게 하는 것은 일도 아닙니다. 집에 냉장고에서 아무리 음식을 꺼내 먹어도 음식이 떨어지지 않게 하는 것이 하나님에게는 손쉬운 일입니다. 광야 이스라엘 백성에게 하신 일, 사렙다 과부에게 하신 일, 오병이어로 하신 일들을 보면 그것을 쉽게 알 수 있습니다. 그런데 하나님께서는 그런 방식으로 백성의 먹거리를 해결해 주지 않으십니다. 그렇게 할 수 없어서가 아닙니다. 그렇게 하지 않음으로써 유익을 주기 위해서 그렇게 하시는 것입니다. 곧 먹어야 하지만 먹을 것이 없는 현실을 통해서 그 백성의 믿음을 일으키고 백성 사이에 사랑의 유대를 강화하시는 것입니다. 어떤 사람에게는 먹고 살기 힘든 현실이 오로지 고통이고 비극이지만 하나님의 백성에게는 그렇지 않습니다. 적어도 그렇지 않아야 합니다. 그것을 위해서 이 간구를 하라 하셨습니다.

여기서 우리는 또 하나의 모순을 주목해야 합니다. 본문에 의하면 주 예수께서는 제자들에게 먹을 것에 대해서 걱정하지 말라 하셨습니다. 너무나 큰 위로의 말씀입니다. 먹어야 사는 존재에게 먹을 것이 없는 비극과 모순을 하나님께서 해결해 주시겠다는 것입니다. 어떻게 보면 에덴의 상태를 회복해 주겠다는 말로 들립니다. 특별히 26절의 말씀은 에덴을 상상하게 합니다. "공중의 새를 보라 심지도 않고 거두지도 않고 창고에 모아 들이지도 아니하되 너희 하늘 아버지께서 기르시나니"(마 6:6상). 새는 먹이를 얻기 위해서 노동하지 않습니다. 배가 고프면 가서 먹으면 됩니다. 거기에 가서 거기에 있는 먹을 것을 먹으면 됩니다. 물론 먹으러 가는 것까지 귀찮아 하면 죽어야지요. "게으른 자는 자기의 손을 그릇에 넣고서도 입으로 올리기를 괴로워하느니라"(잠 19:24). 이게 얼마나 생생하고 유머러스 한 표현인지 알 수 없습니다. 세상에 게으르다 게으르다 해도 이렇게 게으른 사람은 없을 것입니다. 비유컨대 에덴에 살면서 배가 고플 때 과일을 따 입에 넣는 일이 귀찮아서 굶어 죽는 것에 비할 수 있을 것입니다. 그러므로 새가 먹을 것을 찾아서 날아가는 것을 일이라고 할 수는 없을 것입니다.

그런데 본문에서 예수님께서는 제자들에게 더 확고한 약속을 하셨습니다. 하나님은 새를 그렇게 먹이시면서 새보다 더 귀한 자기 자녀를 그렇게 먹이지 않겠느냐 하시는 것입니다. 물론 자녀들이 아무 것도 안해도 그렇게 먹여주시겠다는 것은 아닙니다. 일을 하여 먹을 것을 구할 수 있는 모든 통로와 조건을 만족시켜 주셔서 그렇게 하시겠다는 것입니다. 그러므로 먹을 것에 대해서 걱정하지 말라 하셨습니다. 먹어야 하지만 먹을 것이 없는 모순된 세상에서 살아야 하는 사람들에게 큰 보증과 위로의 말씀입니다. 뿐만 아닙니다. 주님께서 이 기도를 가르치기 바로 전에 "또 기도할 때에 이방인과 같이 중언부언하지 말라 그들은 말을 많이 하여야 들으실 줄 생각하느니라 그러므로 그들을 본받지 말라 구하기 전에 너희에게 있어야 할 것을 하나님 너희 아버지께서 아시느니라"(마 6:7-8)고 가르치셨습니다. 그렇다면 우리를 먹어야 사는 존재로 지으신 하나님은 우리에게 양식이 필요함을 다 아실 것이고 따라서 우리가 기도하기 전에 주실 것입니다.

따라서 논리적으로 볼 때 이런 약속이 확실하다면 주기도문에 '오늘날 우리에게 일용할 양식을 주옵소서'라는 문구는 없어야 할 것 같습니다. 그런데 주님은 이것을 기도하라고 가르치셨습니다. 우리가 여러 번 강조해 왔지만, 주기도문의 각각의 간구는 우리의 절실한 기도가 되어야 합니다. 그것은 해도 좋고 안해도 좋지만 해보는 것이 아닙니다. 혹은 그렇게 기도하지 않더라도 별 문제 없겠지만 해두어 손해날 것 없으므로 일종의 보험 성격으로 해두는 것도 아닙니다. 그것은 반드시 기도하지 않으면 안 되는 마음의 소원입니다. 그렇다면 자녀들에게 먹을 것을 보장하겠다는 이런 확고한 약속이 있음에도 불구하고 이것을 기도하라는 것은 어떻게 된 것인가? 그런 약속이 있는데도 우리가 이 기도를 정말 절실한 마음으로 할 수 있는가 하는 의문이 자연스럽게 일어납니다.

그런데 이 두 가지 사실은 모순이 아닙니다. 도리어 '오늘날 우리에게 일용할 양식을 주옵소서'라고 기도할 수 있고 또 해야 하는 것은 하나님께서 일용할 양식을 주실 것을 약속하셨기 때문입니다. 그것을 약속하셨기 때문에 믿고 구하라는 것입니다. 가만히 생각해 보면 이 원리가 양식을 구하는 기도에만 적용되는 것은 아닙니다. 주기도문의 모든 간구가 실은 하나님께서 분명히 하실 일들에 대한 간구입니다. 하나님은 반드시 자기 이름을 거룩하게 하실 것입니다. "너희는 내 성호를 속되게 하지 말라 나는 이스라엘 자손 중에서 거룩하게 함을 받을 것이니라 나는 너희를 거룩하게 하는 여호와요"(레 22:32). 사람이 하나님의 이름을 거룩히 여기면 거룩하게 되고 그렇지 않으면 거룩하게 되지 않는 것이 아닙니다. 한동안 사람이 하나님의 이름을 모욕하는 것처럼 보입니다. 하지만 하나님은 결코 그것을 영원히 허용하지는 않으십니다. 하나님은 이미 그리스도 안에서 그 이름을 거룩하게 하고 높이셨습니다. "이러므로 하나님이 그를 지극히 높여 모든 이름 위에 뛰어난 이름을 주사 하늘에 있는 자들과 땅에 있는 자들과 땅 아래에 있는 자들로 모든 무릎을 예수의 이름에 꿇게 하시고 모든 입으로 예수 그리스도를 주라 시인하여 하나님 아버지께 영광을 돌리게 하셨느니라"(빌 2:9-11). 그러나 이 사실은 지금은 믿음이 있는 사람들에게만 보입니다. 하지만 앞으로는 모든 사람이 이 위대한 사실을 보고 그 앞에 엎드릴 것입니다. 하나님께서 이렇게 하실 것이므로 우리에게 이렇게 되기를 기도하라 하신 것입니다. 이것은 나라가 임하는 것도 마찬가지이고 뜻이 이루어지는 것도 마찬가지입니다. 하나님 이외에는 전능하신 신이 없으며, 아무도 그 뜻을 저항하지 못하고, 아무도 그 영광을 훔치지 못합니다. 이런 분명한 약속과 엄연한 현실이 있습니다. 하나님은 현 역사 속에서 이 약속과 이 현실을 이루기 위해서 우리를 부르셨습니다. 그러니까 우리에게 그것을 기도하고 그 일을 자기 일로 알고 사명을 수행하라 하신 것입니다.

일용할 양식을 구하는 일에 있어서도 마찬가지입니다. 하나님은 이미 우리에게 일용할 양식을 약속하셨습니다. 하나님은 약속을 어기는 일이 없으므로 반드시 주실 것입니다. 그러므로 우리는 그것을 믿음을 가지고 구할 수 있습니다. 이와 같이 하나님께서 분명히 약속하셨다는 사실은 우리가 그것을 기도하지 말아야 하는 근거가 아니라 도리어 더욱 간절히 기도할 근거가 되는 것입니다. 기도하되 단순히 기도하는 것이 아니라 믿고 기도할 근거가 됩니다. 또한 믿고 기도했다면 그로 인해서 확신과 평안 가운데 하나님께서 주시는 것을 받으면 됩니다.

다음으로는 어떤 마음으로 이 기도를 드려야 하는지를 보겠습니다. 우선 위에서 본 것처럼 믿음을 가지고 구해야 함이 분명합니다. 이 기도는 하나님께서 약속하신 것이기 때문입니다. 본문을 보면 이것을 약속하실 때 약속의 확고함을 설득하기 위해서 주 예수님께서 특별히 신경을 쓰신 사실을 알 수 있습니다. 유사한 경우를 반복적으로 예로 들고, 청중의 마음에 지울 수 없는 인상을 남기려고 애를 쓰셨습니다. 그러므로 우리는 주 예수님의 이런 모든 노력을 허사로 만들지 맙시다. 이 엄연한 약속을 믿지 못하여 의식주의 걱정 속에서 헤어나지 못하는 불신을 극복하십시다. 하나님은 반드시 먹이시고 입히십니다.

다음으로 이 기도를 간절히 해야 하는 이유는 더욱 분명합니다. 이는 일용할 양식이 오직 하나님으로부터 와야 하는 까닭입니다. 이런 생각을 가지고 하나님께 양식을 구하는 것입니다. 이런 생각이 없이 양식을 구한다면 그 기도는 하나님을 모독하는 것입니다. 내 힘으로도 할 수 있지만 하나님께 한번 구해보겠다 하는 심정이든지, 내 힘으로 할 수 있지만 하나님께 구해 두어서 해 될 것 없다, 주시면 좋고 안 주시면 내 힘으로 해결하면 된다 하는 마음으로 기도하는 것 밖에 안 됩니다. 이런 기도는 하나님을 욕되게 하는 기도입니다. 만약 우리가 다른 곳에서 이것을 얻을 수 있다면 굳이 기도할 필요가 없을 것입니다. 가서 그것을 얻으면 될 것입니다. 왜 앉아서 기도를 하고 있습니까? 그 시간이라도 아껴서 한 푼이라도 더 벌어야 할 것 아닙니까? 불신자가 바로 이렇게 생각합니다. 기도가 밥 먹여주냐 하는 것이 불신자의 생각입니다. 하지만 이것은 틀린 생각입니다. 신자이든 불신자이든, 악인이든 선인이든, 의로운 자이든 불의한 자이든, 그들을 먹이시고 입히시는 분은 하나님이십니다. "이는 하나님이 그 해를 악인과 선인에게 비추시며 비를 의로운 자와 불의한 자에게 내려주심이니라"(마 5:45). 그런데 하나님의 자녀는 이 사실을 알고 그것을 하나님께 구해서 얻습니다. 그러나 불신자는 이 사실을 알지 못하고 자기가 애를 써서 얻습니다. 모두가 결국은 하나님으로부터 얻습니다. 그러면 거기에 어떤 차이가 있을까요? 신자는 자기에게 주어진 것이 하나님께로부터 온 것임을 알고 감사하면서 하나님을 높입니다. 하지만 불신자는 자기에게 주어진 것이 자기가 잘나서 얻은 줄 알고 더욱 자기를 의지하며 하나님을 인정하지 않습니다. 신자든 불신자든 똑같이 하나님으로부터 받습니다. 그런데 어떤 사람들에게는 그 사실이 더욱 큰 은혜로 인도하지만, 다른 어떤 사람들에게는 그로 인해서 마음이 더욱 강퍅해지고 하나님으로부터 멀어지는 결과를 가져옵니다. 이것이 또한 우리가 이 기도를 간절히 드려야 하는 이유입니다.

결국 이 기도는 우리의 생명이 우리 것이 아니라는 고백을 포함합니다. 여기서는 일용할 양식이라 하였지만 이것이 꼭 먹을 것만을 의미하지는 않습니다. 그것은 의식주를 포함하여 우리의 생존을 위하여 필요한 물질적인 모든 것을 의미합니다. 그 중에서 음식은 가장 직접

적이고 대표적인 생존의 조건입니다. 집이 없으면 동굴이나 바위틈에라도 들어갈 수 있고, 옷이 없으면 나뭇잎이라도 엮어서 대용으로 쓸 수 있지만 먹을 것이 없으면 다른 대체 수단이 없습니다. 의식주 중에서도 식(食)은 우리의 생존을 위해서 가장 직접적이고 치명적인 조건입니다. 그래서 이 기도에서 양식을 거론한 것이지 이 기도가 꼭 양식만을 구하는 것은 아닙니다. 어쨌든 이 기도의 기본 정신은 나의 생명이 나의 것이 아니라는 고백입니다. 동시에 이 생명은 다른 어디에서 온 것도 아니고 다른 어느 것을 의지해서 존재할 수 있는 것도 아닙니다. 오직 하늘에 계신 우리 아버지에게서만 오고 거기만을 의지해서 존재할 수 있습니다. 이런 깊은 각성이 이 기도에 포함되어 있습니다.

이런 각성을 가지고 기도하고, 그 기도의 응답으로 생활에 필요한 것들을 하나님께로부터 얻은 사람들은 그것을 자기의 세상적인 행복과 만족만을 위해서 사용하지 않을 것입니다. 자기의 생명, 자기에게 주어진 모든 것이 하나님께로부터 왔다면 그 모든 것을 하나님의 이름과 나라와 뜻을 위해서 사용하려 할 것입니다. 바로 주기도문의 앞에서 간구한 것입니다. 그러므로 일용할 양식을 구하는 이 간구는 앞의 세 가지 간구와 긴밀하게 연결되어 있습니다. 혹은 그 간구의 실천과 실현을 위해서 이 간구가 필요하다고 말할 수 있습니다.

다음으로 주목할 것은 이 간구에 사용된 '우리'라는 표현입니다. 번역문에는 '오늘날 우리에게 일용할 양식을 주옵소서'라고 되어 있습니다. 이것을 원어에서 좀 더 정확히 번역하면 이렇습니다. '매일을 위한 우리의 빵을 오늘 우리에게 주십시오.' 이 표현은 많은 것을 생각하게 합니다. 첫째, 우리가 구하는 것은 우리에게 할당된 양식입니다. 우리의 삶을 위해서 하나님께서는 일정한 몫을 섭리적으로 정해 두셨습니다. 그것이 '우리의 양식'입니다. 우리를 위한 일정한 몫입니다. 우리는 그것을 구합니다. 다른 사람의 몫을 달라는 말이 아닙니다. 다른 사람의 몫은 다른 사람에게 돌아가야 합니다. 하나님께서 그 사람에게 할당해 두셨기 때문입니다. 또한 그 몫 이상을 구하지도 않습니다. 하나님께서 우리의 나그네 길의 생존을 위해서 섭리적으로 주시기로 작정하신 몫 그것을 구하는 것입니다. 그것도 긴 세월의 것을 다 모아서 한꺼번에 달라는 것도 아니고 매일의 생활을 위해서 하나님께서 할당하신 몫을 달라는 것입니다.

그러므로 이 기도에는 두 가지 중요한 내용이 포함됩니다. 첫째, 사람은 하나님께서 자기에게 주시는 것 이상을 탐내면 안 됩니다. 이것은 자기의 가진 것으로 만족하는 생활로 증명됩니다. 이렇게 기도하는 사람은 탐심이나 과욕을 부리지 말아야 합니다. 둘째, 다른 사람의 몫은 다른 사람에게 돌려야 합니다. 하나님께서는 우리의 양식뿐 아니라 다른 사람들의 양식도 할당해 주시는 분입니다. 그러므로 다른 사람의 생존을 위해서 하나님께서 할당하신 양식을 탈취하는 것은 이 기도의 정신에 어긋납니다. 이것을 구약 선지자들은 아주 중요히 가르쳤습니다. "14 여호와께서 자기 백성의 장로들과 고관들을 심문하러 오시리니 포도원을 삼킨 자는 너희이며 가난한 자에게서 탈취한 물건이 너희의 집에 있도다 15 어찌하여 너희가 내 백성을 짓밟으며 가난한 자의 얼굴에 맷돌질하느냐 주 만군의 여호와 내가 말하였느니라 하시도다"(사 3:14-15). 구약의 선지자들만이 아닙니다. 신약도 마찬가지입니다. "보라 너희 밭에서 추수한 품꾼에게 주지 아니한 삯이 소리지르며 그 추수한 자의 우는 소리가 만군의 주의 귀에 들렸느니라"(약 5:4). 우리의 매일의 양식을 달라고 기도하는 사람은 이런 짓을 할 수 없습니다. 이런 짓을 하는 사람은 이렇게 기도하는 셈입니다. '우리의 양식뿐 아니라 그 이상을 주시며 다른 사람의 것도 빼앗아서 우리에게 주옵소서.'

'우리'라는 표현에 대해서 생각할 둘째 요소는 이 기도가 자신만을 위한 것이 아니라는 사실입니다. 특별히 양식을 구하는 주기도문의 이 간구는 자주 개인의 필요 혹은 개인의 양식을 위한 기도로 해석됩니다. 왜냐하면 양식은 나의 삶을 위한 조건일 뿐 아니라 매우 절박한 조건인 까닭입니다. 그래서 양식을 구하는 이 간구에서 쉽게 다른 사람이 시야에서 사라질 수 있습니다. 일단 내가 살고 봐야 한다는 생각이 우리의 생각을 지배하기 쉽습니다. 생존은 언제나 자신에게 절박한 까닭입니다. 하지만 여기서 주님은 '나의' 양식을 '나에게' 달라고 기도하라 하지 않으셨습니다. '우리의' 양식을 '우리에게' 달라고 기도하라 하신 것입니다.

이것은 주기도문 전체의 정신과도 일관됩니다. 앞에서 이미 보았지만 주님께서 가르치신 기도는 개인의 기도가 아니라 교회 공동체의 기도입니다. 그것이 어디서 가장 잘 나타나느냐 하면 하나님을 부를 때 '하늘에 계신 나의 아버지'라 하지 않고 '하늘에 계신 우리 아버지'라 부르는 사실입니다. 즉 이것은 하나님을 아버지라 부르는 부류의 사람들이 드리는 기도입니다. 그래서 이 기도는 교회의 기도이지 개인의 기도가 아닙니다. 그것이 이 기도의 기본 정신입니다. 바로 이 정신이 '매일을 위한 우리의 양식을 오늘 우리에게 주십시오' 하는 간구에서 현저하게 나타납니다. 이 기도는 나의 양식을 구하는 것이 아니라 우리의 양식을 구합니다. 즉 나의 생존의 필요를 구하는 것이 아니라 우리의 생존의 필요를 구하는 것입니다. 나 혼자 살겠다는 것이 아니라 우리가 살겠다는 것입니다. 내가 살면서 무엇인가 의미를 얻겠다는 것이 아니라 우리가 함께 살면서 함께 무엇인가 의미를 얻고 무엇인가 이루겠다는 것입니다. 그렇게 생각하라고 주 예수님은 '우리 아버지'라 부르라 하시고, '우리 양식을 우리에게 달라'고 기도하라 하셨습니다. 그렇다면 이 기도를 하는 사람은 나의 양식만을 생각해서는 안 되고 우리의 양식을 생각해야 합니다. 나의 옷, 나의 집만을 생각해서는 안 되고 우리의 옷, 우리의 집을 생각해야 합니다. 즉 거기에 삶을 나누는 공동체, 존재를 함께 하는 공동체가 전제되어 있습니다. 곧 그리스도의 몸인 교회가 전제되어 있습니다. 그러므로 주님께서 가르치신 이 기도는 가장 위대한 교회의 기도가 됩니다.

이 기도를 드리는 사람은 다른 사람의 생존에 대해서 무관심한 채 자기의 생존만을 챙길 수 없습니다. 다른 사람의 의식주에 무관심하면서 자기의 의식주만을 챙길 수 없습니다. 우리 각자는 자기 일을 돌아볼 뿐더러 다른 사람의 일을 돌아보아야 합니다. 그것이 이 기도를 드리는 사람의 의무입니다. 또 그런 정신을 가지고 살게 하려고 주 예수님은 '우리의 양식을 우리에게 달라'고 기도하라 하신 것입니다. 여기서 '우리'에 힘을 주어 읽어야 합니다.

여기 '오늘날 우리에게 일용할 양식을 주옵소서'라는 구절에서 '오늘날'이라는 말에 대해서 조금 생각할 것이 있습니다. 어떤 사람들은 이 구절을 근거로 신자는 오늘의 생활만을 생각해야지 미래를 생각하고 저축하는 것은 옳지 않다고 주장합니다. 하지만 이것은 주님께서 오늘날이라는 말을 하신 의도를 잘못 생각한 것입니다. 이것은 오늘 우리에게 필요한 양식을 달라는 말이지 오늘만을 위한 양식을 달라는 말이 아닙니다. 그러므로 이 구절을 근거로, 신자는 미래를 위한 준비를 하지 말아야 한다고 주장할 수는 없는 노릇입니다. 당장 구제나 선행을 위한 필요에 대해서 생각해 보십시다. 사도 바울은 예루살렘에 보낼 구제금을 위해서 연보를 저축해 두라고 했습니다. 그래야 사도가 갔을 때에 급하게 연보를 하는 일을 피할 수 있을 것입니다. '매주 첫날에 너희 각 사람이 수입에 따라 모아 두어서 내가 갈 때에 연보를 하지 않게 하라"(고전 16:2). 이와 같이 신자는 미래의 필요를 위해서 지금 준비할 것을 준비해 두어야 합니다. 자녀를 출산하거나 학교에 보내거나 집을 장만하거나 할 때 돈이 더 많이 들 것이 뻔한데도 불구하고 오늘의 양식이면 충분하다고 하면서 아무 준비를 하지 않는 것은 신앙적이지도 않고 지혜롭지도 않습니다.

그러나 이렇게 준비를 할 때에 두 가지 점을 주의해야 합니다. 첫째, 그 준비를 잘 해두면 자기의 미래가 안전하다고 생각하는 것입니다. 이것이 사람 사는 사회에서 일반적인 오류이므로 주님은 어리석은 부자의 비유에서 그것을 고치라 하셨습니다. 둘째, 오직 자기만을 위해서 준비하는 것입니다. 이것도 역시 옳지 않습니다. 우리의 부는 자기만을 위한 것이 아니라 이웃을 위한 것이기도 합니다. '나의 양식'만을 구하는 것이 아니라 '우리의 양식'을 구하는 데에 적용되는 원칙은 미래를 위한 준비에도 마찬가지로 적용됩니다. 하나님의 일을 위해서, 가난한 이웃의 구제를 위해서 필요가 발생할 때를 위해서 재원을 준비한다는 정신으로 저축도 하는 것입니다. 이렇게 해서 신자는 자기 생활을 돌아볼뿐더러 다른 사람의 일도 돌아보아야 합니다.

'오늘날 우리에게 일용할 양식을 주옵소서'라는 짧은 기도문 속에 주님은 참으로 많은 내용을 담아서 기도하게 하셨습니다.

요리문답 주기도 51주

21 그 때에 베드로가 나아와 이르되 주여 형제가 내게 죄를 범하면 몇 번이나 용서하여 주리이까 일곱 번까지 하오리이까 22 예수께서 이르시되 네게 이르노니 일곱 번뿐 아니라 일곱 번을 일흔 번까지라도 할지니라 23 그러므로 천국은 그 종들과 결산하려 하던 어떤 임금과 같으니 24 결산할 때에 만 달란트 빚진 자 하나를 데려오매 25 갚을 것이 없는지라 주인이 명하여 그 몸과 아내와 자식들과 모든 소유를 다 팔아 갚게 하라 하니 26 그 종이 엎드려 절하며 이르되 내게 참으소서 다 갚으리이다 하거늘 27 그 종의 주인이 불쌍히 여겨 놓아 보내며 그 빚을 탕감하여 주었더니 28 그 종이 나가서 자기에게 백 데나리온 빚진 동료 한 사람을 만나 붙들어 목을 잡고 이르되 빚을 갚으라 하매 29 그 동료가 엎드려 간구하여 이르되 나에게 참아 주소서 갚으리이다 하되 30 허락하지 아니하고 이에 가서 그가 빚을 갚도록 옥에 가두거늘 31 그 동료들이 그것을 보고 몹시 딱하게 여겨 주인에게 가서 그 일을 다 알리니 32 이에 주인이 그를 불러다가 말하되 악한 종아 네가 빌기에 내가 네 빚을 전부 탕감하여 주었거늘 33 내가 너를 불쌍히 여김과 같이 너도 네 동료를 불쌍히 여김이 마땅하지 아니하냐 하고 34 주인이 노하여 그 빚을 다 갚도록 저를 옥졸들에게 넘기니라 35 너희가 각각 마음으로부터 형제를 용서하지 아니하면 나의 하늘 아버지께서도 너희에게 이와 같이 하시리라 (마 18:21-35)

처음 세 개의 간구는 좀 더 직접적으로 하나님에 대한 것을 구하지만 넷째 간구부터는 좀 더 직접적으로 우리에 대한 것을 구합니다. 우리에 대한 간구의 제일 첫째가 양식을 구하는 것입니다. 이것을 다른 말로 하면 이렇게 됩니다. '우리의 목숨은 오로지 주님의 손에 달렸습니다. 그러니 우리를 살려주셔서 앞에서 간구한 내용의 우리 몫을 행하게 하옵소서. 나만 살게 하지 마시고 우리를 함께 살게 하시옵소서.' 그러므로 양식을 구하는 간구는 앞의 세 가지 간구와 긴밀하게 연결되어 있습니다. 살아야 할 이유를 앞에서 구하고, 그것을 위해서 살려 달라는 뜻입니다.

제51주일

126문: 다섯째 간구는 무엇입니까?

답: "우리가 우리에게 죄지은 자를 사하여 준 것같이 우리 죄를 사하여 주옵소서"로, 이러한 간구입니다. "주의 은혜의 증거가 우리 안에 있어서 우리가 이웃을 용서하기로 굳게 결심하는 것처럼, 그리스도의 보혈을 보시사 우리의 모든 죄과(罪過)와 아직도 우리 안에 있는 부패를 불쌍한 죄인인 우리에게 돌리지 마옵소서."

양식 다음으로 구하는 것이 우리의 죄를 용서해 달라는 기도입니다. 이 기도에 대해서도 생각할 것이 많이 있습니다. 가장 먼저 주목할 것은 우리가 이 기도를 하면서 살아야 한다는 사실입니다. 주님께서 이런 내용으로 기도하라 하셨다면 이것은 우리가 꼭 구해야 하는 중요한 사실입니다. 양식을 구하는 것이 우리에게 절실하고 반드시 필요한 현실의 일인 것처럼 하나님께서 우리의 죄를 용서하시고 우리가 서로를 용서하는 것도 양식만큼 절실한 현실의 일입니다. 그래서 주님은 이 항목을 기도에 포함시키셨습니다.

다음으로 주목할 것은 그리스도께서 이 교훈을 베푸실 때에 사용하신 용어입니다. 한글 성경에는 '우리가 우리에게 죄 지은 자를 사하여 준 것 같이 우리 죄를 사하여 주옵소서'라고 되어 있습니다. 이것을 원어에서 좀 더 정확하게 번역하면 '우리의 빚을 탕감해 주옵소서. 우리가 우리에게 빚진 자의 빚을 탕감해 주었듯이'입니다. 여기서 좀 더 주목해서 볼 것은 주님께서 왜 '빚'이라는 용어를 사용하셨는가 하는 사실, 그리고 '우리가 우리에게 빚진 자의 빚을 탕감해 준다'는 것이 무엇을 의미하는가 하는 것입니다.

먼저 빚에 대해서 보겠습니다. 주 예수께서는 이 단어를 사용하여 중요한 진리를 가르치십니다. 우리가 어떻게 해서 빚을 집니까? 다른 사람에게서 무엇을 빌리면 빚을 집니다. 즉 갚아야 할 의무가 발생합니다. 빚이란 갚아야 할 의무를 진 상태입니다. 혹은 다른 사람에게 피해를 주면 그것을 변제할 의무가 발생합니다. 이것도 역시 빚입니다. 혹은 다른 사람에게 마땅히 돌려야 할 것을 돌리지 않으면 역시 빚이 됩니다. 이 빚에는 물질적인 빚도 있고 정신적인 빚도 있습니다. 그런데 법적인 빚도 있습니다. 형법에는 어떤 죄에 대해서 부과하기로 되어 있는 형량이라는 것이 있습니다. 그래서 그 죄를 범하면 그는 받아야 할 형벌이라는 빚을 집니다. 그것을 갚을 때까지 그는 감옥에 있든지 아니면 도피생활을 해야 합니다. 도피생활을 한다면 그는 빚을 진 사람으로 계속 살겠다는 뜻입니다. 가인은 평생 이 빚의 사함을 받지 못하고 산 사람입니다. 그의 고백이 그것을 보여 줍니다. "13

가인이 여호와께 아뢰되 내 죄짐을 지기가 너무 무거우니이다 14 주께서 오늘 이 지면에서 나를 쫓아내시온즉 내가 주의 낯을 뵈옵지 못하리니 내가 땅에서 피하며 유리하는 자가 될지라 무릇 나를 만나는 자마다 나를 죽이겠나이다"(창 4:13-14).

이런 의미에서 모든 사람은 하나님께 다음과 같은 빚을 지고 있습니다. 첫째, 사람은 하나님으로부터 모든 것을 받아 누립니다. 물질적인 측면에서 많은 것을 받아 누리는데 이것은 물질적으로 되갚을 길이 없으며 하나님께서도 그것을 갚으라 요구하지 않으십니다. 그렇다고 해서 아무 것도 안 해도 되는 것이 아닙니다. 우리에게 여전히 의무가 발생합니다. 바로 감사의 의무입니다. 그러므로 감사치 않는 것은 죄가 됩니다. 사람이 감사하지 않고 산다면 갚아야 할 빚이 쌓이는 상태가 됩니다. 디모데후서에 보면 이런 구절이 있습니다. "1 너는 이것을 알라 말세에 고통하는 때가 이르러 2 사람들이 자기를 사랑하며 돈을 사랑하며 자랑하며 교만하며 비방하며 부모를 거역하며 감사하지 아니하며 거룩하지 아니하며"(딤후 3:1-2). 말세에 사람들 사이에 널리 퍼질 죄악을 열거하면서 '감사하지 아니하며'라는 죄를 지적합니다. 사람은 감사할 일에 대해서 마땅히 감사해야 합니다. 그렇게 하지 않는다면 감사해야 할 부채를 짊어지게 됩니다. 누가복음 17:11-18에 보면 예수님께서 나병환자 열 명을 고치시는 이야기가 나옵니다. 그런데 나음을 입은 후에 예수님께 와서 감사한 사람이 이방인 오직 한 명이었습니다. 그래서 주님은 "열 사람이 다 깨끗함을 받지 아니하였느냐 그 아홉은 어디 있느냐 18 이 이방인 외에는 하나님께 영광을 돌리러 돌아온 자가 없느냐"(눅 17:17-18) 하고 탄식하셨습니다. 이와 같이 사람은 하나님께 감사하고 영광을 돌릴 의무가 있습니다. 신자, 불신자를 막론하고 마찬가지입니다. 그런데 이 의무를 수행하지 않으면 하나님 앞에 부채를 지는 것입니다.

둘째, 법적인 빚이 있습니다. 우리 모두는 하나님의 법을 지켜야 합니다. 그런데 실제로는 법을 지키지 못합니다. 법이 금하는 것을 적극적으로 어기기도 하고, 법이 요구하는 것을 소극적으로 간과하기도 합니다. 우리는 목숨이 붙어 있는 한 이 상태를 완전히 벗지 못합니다. 이렇게 해서 하나님 앞에 형벌이라는 빚을 집니다. 즉 의로운 하나님의 법정에서 우리에게 선언된 형벌을 받아야 하는 것입니다. 주 예수님은 이것을 빚이라고 말씀하셨습니다.

빚이라는 이 말은 우리에게 생생한 심상을 일으킵니다. 비유컨대 하나님께서 장부를 작성하시는 모습을 상상하면 됩니다. 하나님 앞에 큰 장부가 놓여 있습니다. 그 장부에는 우리 각자의 이름이 기입되어 있습니다. 그리고 하나님께서 각자에게서 받아야 하는 부채가 거기에 기록되어 있습니다. 김갑돌이라는 사람이 있습니다. 그 사람이 하나님께 마땅히 돌려야 하는데 돌리지 못한 감사와 영광, 마땅히 지켜야 하는 법을 지키지 못해서 빚으로 쌓인 형벌 등이 거기에 기재되어 있습니다. 그 중에는 하나님을 향한 빚도 있고 다른 사람에 대한 빚도 있지만 궁극적으로는 그 모든 빚이 하나님에 대한 빚입니다. 김갑돌은 자기가 그런 빚을 졌다는 사실을 모를 수도 있고 까맣게 잊어버렸을 수도 있습니다. 하지만 하나님의 장부에는 다 기록되어 있습니다. 이것이 거기에 기록되어 있는 한 김갑돌은 언제고 그것을 갚아야 합니다. 무엇으로 갚습니까? 영원한 형벌로 갚습니다. 사람이 그것을 면하는 유일한 길은 하나님께서 그것을 지워버려야 합니다. 즉 빚을 면제해 주어야 합니다. 그런데 문제가 있습니다. 절대적으로 의로우신 하나님은 빚을 그냥 면제해 줄 수 없습니다. 그것은 하나님의 공의로운 성품에 어긋납니다. 그래서 빚진 자들의 빚을 탕감해 주기 위해서 자기 아들에게서 그 빚을 받으신 것입니다. 그렇게 해서 장부에 기록된 우리의 부채를 싹 지워주십니다. 주 예수 그리스도께서 모든 부채를 대신 갚아 주셨습니다. 그러니까 우리의 부채가 없어지는 것입니다.

그러므로 우리는 값없이 주시는 은혜라는 말의 의미를 오해하지 말아야 합니다. 소위 free grace라는 말입니다. 하나님께서 우리에게 값없이 주신다고 해서 그 값을 받지 않으신 것이 아닙니다. 그 값을 우리 주 예수 그리스도에게서 완전히 받으셨습니다. "18 너희가 알거니와 너희 조상이 물려준 헛된 행실에서 대속함을 받은 것은 은이나 금 같이 없어질 것으로 된 것이 아니요 19 오직 흠 없고 점 없는 어린 양 같은 그리스도의 보배로운 피로 된 것이니라"(벧전 1:18-19). 곧 우리의 부채를 갚기 위해서 그리스도의 피가 지불되었습니다. 그러므로 우리의 부채가 탕감된 사실을 절대로 가볍게 생각할 수 없습니다.

주 예수 그리스도께서 우리에게 '우리의 빚을 탕감해 주옵소서'라고 기도하라 하셨을 때 이런 사실을 기억하고 생각하면서 사죄를 구하라 하신 것입니다. 그것을 간구하라 하신 것은 우리가 그 빚을 갚을 수 없음을 전제합니다. 만약 우리가 갚을 수 있다면 우리에게 그것을 요구하셨을 것입니다. 그러나 우리에게 그 능력이 없습니다. 그러니 하나님의 자비를 의지하여 구하라 하신 것입니다. 이렇게 구하면 탕감해 주시겠다 하셨습니다. 그러므로 우리가 사는 날 동안 두 가지를 기억하십시다. 우리가 이생에서 사는 동안 죄를 범하지 않을 수는 없습니다. 즉 우리는 매일 하나님의 장부에 갚아야 할 빚을 일으킴니다. 이것이 현실입니다. 그러므로 자신의 죄를 인식해야 합니다. 동시에 하나님께서는 그 죄를 사하여 우리를 구원하기 원하시는 분임을 깨닫고 믿고 사죄를 구해야 합니다. 장부에 빚이 발생할 때마다 그리스도의 공로로 그 빚을 사하시는 분입니다. 이 두 가지, 우리는 매일 빚을 지는 사람이라는 것, 하나님께서 그리스도의 공로를 우리에게 입혀 이 빚을 탕감해 주시는 분임을 알고 믿고 이 기도를 매일 하면서 살아야 합니다.

다음으로 '우리가 우리에게 죄지은 자를 사하여 준 것같이'라는 표현에 대해서 보겠습니다. 이 말씀은 '우리가 우리에게 빚을 진 사람의 빚을 탕감해 준 것 같이'라는 뜻입니다. 그것이 원어의 의미입니다. 먼저 다른 사람이 우리에게 빚을 진다는 문제에 대해서 보겠습니다. 빚에는 물질적인 빚이 있고 정신적인 빚이 있습니다. 물질적인 빚은 다른 사람의 돈을 빌린 결과 발생하고 정신적인 빚은 다른 사람에게 마땅히 돌려야 할 것을 돌리지 않아서 지게 됩니다. 물질적인 빚도 문제가 간단하지 않습니다. 그것마저도 탕감해 주지 않으면 안 되는 경우들이 발생합니다. 하지만 정신적인 빚은 훨씬 문제가 복잡합니다. 우리 모두는 다른 사람의 말이나 무례한 행동에 의해서 마음에 상처를 받는 경험을 가지고 있습니다. 그럴 때 우리는 자신에게 상처를 준 사람이 자기에게 사과를 하고 용서를 빌기 원합니다. 즉 자기에게 빚을 진 사람이 자기에게 그 빚을 갚기를 원하는 것입니다. 이렇게 해서 다른 사람이 우리에게 빚을 지게 됩니다. 즉 우리의 장부에 그 사람이 자기에게 진 빚이 기록됩니다. 이 사람은 몇 년 몇 월 몇 일에 이런저런 무례한 말이나 행동으로 나에게 빚을 졌고, 이 빚은 그 사람이 나를 찾아와서 그것을 인정하고 사과할 때까지 탕감되지 않는다 하고 장부에 기재해 둡니다.

그런데 주기도문의 이 구절은 우리가 다른 사람의 빚을 탕감해준 것같이 우리의 빚을 탕감해 주십시오 하는 말입니다. 우리의 상식에 거슬리는 말로 보입니다. 원래 사죄의 은혜는 값없이 주시는 것입니다. 그런데 이 기도는 마치 사죄를 위한 어떤 조건을 내가 만족시켜야 한다는 말로 들립니다. 그래서 이것이 어떤 사람들에게 난해한 말로 보였습니다. 그러므로 이 구절에 대한 해석이 필요합니다. 먼저 잘못된 이해를 보겠습니다. 이 말씀은 우리가 다른 사람이 우리에게 지은 부채를 용서한 것은 훌륭한 일로서 하나의 공로가 되니 이 공로를 기초로 우리의 빚을 탕감해 주십시오 하는 말이 아닙니다. 만약 이런 원칙으로 움직인다면 우리는 영원히 빚을 탕감 받지 못합니다. 왜냐하면 다른 사람이 우리에게 진 빚과 우리가 하나님께 진 빚이 그 양에 있어서 비교할 수 없기 때문입니다. 그러므로 이것은 공로의 문제로 해결될 수 없습니다.

다음으로 바른 이해를 보겠습니다. '우리는 다른 사람이 우리에게 진 빚을 탕감하면서 삽니다. 이는 주님께서 우리의 빚을 탕감하셨다는 증거입니다. 그러하오니 우리의 빚을 탕감해 주십시오.' 이것이 이 말씀에 대한 바른 이해입니다. 여기서도 개혁주의의 중요한 원리가 작용합니다. 하나님의 선행되는 은혜가 없이는 우리 자신에게서 은혜가 나올 수 없다는 것입니다. 우리에게서 나오는 모든 선덕은 하나님께서 우리 안에서 먼저 이루신 은혜의 사실의 결과일 뿐입니다. 따라서 우리가 먼저 빚을 탕감 받은 사실이 없이는 우리에게 빚진 사람을 우리가 탕감해 주지 못합니다. 그러므로 이 간구는 이렇게 말하는 것입니다. '우리는 우리에게 빚진 자의 빚을 탕감해 주면서 살고 있습니다. 이 사실은 하나님께서 우리의 빚을 탕감해 주셨다는 증거입니다. 그러니 우리의 빚을 탕감해 주십시오.' 이것이 이 간구의 의미입니다.

  이 진리를 가르치시기 위해서 주 예수님께서는 동관의 비유를 베푸셨습니다. 어떤 사람이 왕에게 빚을 졌습니다. 그 금액이 일만 달란트입니다. 이게 어머어마하게 큰 돈입니다. 당시 한 사람의 하루 품삯이 한 데나리온이고, 한 달란트는 6,000데나리온입니다. 사람이 6,000일 동안 일을 해서 버는 돈이 한 달란트입니다. 그런데 일만 달란트 빚을 졌으니 엄청난 돈입니다. 어떤 학자에 의하면 당시 금 300톤에 해당하는 금액이라고 합니다. 도대체 이런 빚을 질 수 있느냐 하는 의문이 떠오르는데, 며칠 전 뉴스에 보니까 중국에서 한 관리가 주민들의 땅을 팔아서 6,000억원의 이익을 챙겨서 문제가 되는 것을 보았습니다. 국가의 행정을 책임진 사람은 자기 권력을 이용해서 얼마든지 엄청난 이익을 챙길 수 있습니다. 아마 주님의 비유에 등장하는 이 사람도 그런 경우였을 것으로 보입니다. 이런 사람을 불쌍히 여겨 왕이 그 빚을 탕감해 주었습니다. 그런데 이 종이 탕감 받아 나가다가 동료를 만났습니다. 이 동료는 이 사람에게 100데나리온을 빚졌습니다. 사람의 백일치 급료이니 이것도 만만치 않은 돈입니다. 하지만 그 사람이 탕감 받은 돈에 비하면 턱없이 적은 돈입니다. 100데나리온이면 60분의 1 달란트가 되니까 그 사람이 탕감 받은 돈의 60만분의 일이 되는 돈입니다. 그러니까 비유컨대 왕에게서 6억원을 탕감 받은 사람이 나오다가 자기에게 천원 빚진 동료를 만난 셈입니다. 그런데 이 종은 그 동료가 빚을 갚지 않는다는 이유로 고발해서 감옥에 집어 넣어 버렸습니다. 그러자 이 사실을 알게 된 왕의 종들이 그 사실을 왕에게 알렸습니다. 그 사실을 들은 왕은 이 자는 탕감을 받을 자격이 없는 사람이로구나 생각하고 그 자를 다시 잡아다가 감옥에 집어 넣었다는 이야기입니다.

주님의 이 비유는 베드로의 질문에 대한 답변이었습니다. "21 그 때에 베드로가 나아와 이르되 주여 형제가 내게 죄를 범하면 몇 번이나 용서하여 주리이까 일곱 번까지 하오리이까 22 예수께서 이르시되 네게 이르노니 일곱 번뿐 아니라 일곱 번을 일흔 번까지라도 할지니라"(마 18:21-22). 이렇게 대답하시고 주 예수께서 이 악한 종의 비유를 베푸신 것입니다. 즉 왜 일곱 번을 일흔 번까지라도 탕감해야 하느냐 하는 것을 가르치기 위함입니다. 여기 일곱 번을 일흔 번까지라는 말은 490번만 하라는 말이 아니라 끝없이 용서하라는 이야기입니다. 그러니 그렇게 해야 할 근거가 있어야 해서 주님께서는 이 비유를 베푸신 것입니다.

이 비유의 교훈이 무엇인지는 분명합니다. 우리가 하나님으로부터 빚을 탕감 받는 정도와 우리가 다른 사람을 탕감해주는 정도 사이의 관계입니다. 그 차이는 너무나 엄청납니다. 이 엄청난 차이가 이 비유의 메시지 중 하나입니다. 동시에 거기에 어떤 상관 관계가 발생합니다. 하나님으로부터 그렇게 큰 빚을 탕감 받은 사람은 다른 사람이 자기에게 진 빚을 끝없이 탕감해 주어야 한다는 의무를 진다는 뜻입니다. 이것이 하나님께서 우리의 빚을 탕감해 주시는 것과 우리가 우리에게 빚을 진 다른 사람을 탕감해 주는 것 사이의 관계입니다. 하나님으로부터 엄청나게 큰 빚을 탕감 받은 사람은 당연히 자기에게 훨씬 작은 빚을 진 다른 사람을 탕감해 주어야 합니다.

그런데 이 비유는 거기서 더 나아갑니다. 하나님으로부터 빚을 탕감 받을 만한 사람이 어떤 사람인가를 동시에 보여 줍니다. 이 비유에 의하면 자기에게 빚을 진 사람을 탕감해 주는 사람이 곧 하나님으로부터 빚을 탕감 받을 만한 사람입니다. 다른 사람이 자기에게 진 빚을 탕감해 주지 않는 사람은 결과적으로 자신을 향한 하나님의 탕감을 거부하는 결과를 가져온다는 것입니다. 그러므로 하나님으로부터 탕감을 받은 사실이 그 안에서 능력을 발휘하면 그 사람은 자기에게 빚을 진 다른 사람의 빚을 탕감해 주는 사람이 됩니다. 하나님의 탕감을 받은 사람은 사람을 탕감하면서 사는 사람이 됩니다. 이것이 '우리가 우리에게 죄 지은 사람을 사하여 준 것 같이 우리 죄를 사하여 주옵소서'라는 구절의 의미입니다. 즉 '우리가 우리에게 죄 지은 사람을 사하여 준다'는 것은 하나님의 사유의 은혜가 우리 안에서 작용한다는 증거입니다. 그러하오니 우리 죄를 사하여 주옵소서'라는 것입니다.

이제 이 문제를 우리의 현실에서 다루어야 합니다. 이것은 결국 우리에게 죄를 지은 사람들, 즉 우리에게 물질적 정신적 손해를 끼침으로써 우리에게 그에 상응하는 가치를 되갚아야 하는 의무를 진 사람들이 있을 때에 끝까지 그것을 그 사람으로부터 받겠다는 생각을 하지 말고 자기 마음속에서 탕감해 주라는 말씀입니다. 물론 이것은 쉬운 일이 아닙니다. 우리는 현실에서 용서가 얼마나 어려운지 잘 알고 있습니다. 특별히 상대방이 나에게 심대한 피해를 입혔다고 느낄 때에 용서는 더욱 어렵습니다. 게다가 더욱 어려운 것은 그 상대방이 자기의 잘못을 인정하지 않을 때입니다. 인정하지 않을 뿐 아니라 반복해서 그런 죄를 범한다고 생각할 때에는 더더욱 어렵습니다.

그럴 때에는 어떻게 해야 할까요? 우선 우리의 판단이 얼마나 정확한지에 대해서 반성하려는 노력이 필요합니다. 현실에 들어오면 이런 모든 문제의 확정 판결이 쉽지 않습니다. 우리는 이 문제에서 쉽게 가해자와 피해자가 될 수 있습니다. 어떤 때는 자신이 피해자가 된다고 느낍니다. 저 사람이 나에게 심각한 피해를 주었는데도 자기의 잘못을 인정할 생각을 안 합니다. 참으로 열 받을 일입니다. 그런데 어떤 때에는 이 입장이 뒤바뀝니다. 자신은 전혀 그런 피해를 준 적이 없다고 생각하는데 상대방은 피해를 보았다고 주장하면서 자신에게 잘못을 인정하라고 합니다. 상대가 나 때문에 열을 받고 있습니다. 이것이 허다히 많은 경우가 우리의 현실입니다. 우리는 본의 아니게 피해를 끼치기도 하고 본의 아니게 피해를 입기도 합니다. 그것이 정신적 피해인 경우 더욱 어렵습니다. 나에게 피해를 입힌 상대방은 얼마나 큰 피해를 입혔는지 알지도 못합니다. 아마 그 사람은 그런 피해를 입힐 의도가 전혀 없는데도 그런 결과를 초래한 것을 알고 놀라기도 할 것입니다. 그것을 지적하면 뭘 그런 걸 가지고 그렇게 신경 쓰느냐고 반론하기도 하고, 혹은 자신은 전혀 그런 의도가 아니었다고 해명하기도 합니다. 이것이 우리네 인간 관계에서 흔히 발생하는 일입니다. 그러니 이런 경우 어떻게 그 빚을 갚도록 해야 할까요?

결국 우리는 거의 모든 경우에 그대로 용서하고 넘어가야 한다는 것을 알 수 있습니다. 물론 거기에 정도의 문제가 있기는 합니다. 누가 봐도 확연한 심각한 문제에 대해서는 소위 짚고 넘어갈 필요가 있을 수 있습니다. 그러나 교회 현실에서 그런 경우보다는 위에서 말한 애매한 경우들이 훨씬 많습니다. 그러니까 결국 자신이 용서하고 넘어가야 합니다. 그런데 이 용서를 어렵게 만드는 심리적 기제가 있습니다. 첫째, 자기는 늘 당한다는 피해 의식입니다. 이런 의식은 자기가 당한 피해를 원한으로 품게 만들고 용서를 훨씬 어렵게 합니다. 둘째, 자기가 당한 피해는 자기가 다른 사람에게 입힌 피해보다 훨씬 크다는 생각입니다. 대차대조표를 작성해 보았을 때 자기는 늘 큰 손해를 본다는 생각입니다. 물론 실제로 그럴 수 있습니다. 성격상 내성적이고 조용한 사람은 외향적이고 진취적인 사람보다 더 상처 받기 쉬운 경향이 있습니다. 사회적으로 보면 강한 사람보다 약한 사람들이 더 상처 받기 쉽습니다. 어떤 일이 잘못되었을 때 그것을 다른 사람의 잘못으로 돌리는 경향이 있는 사람과 자신의 잘못으로 돌리는 경향이 있는 사람을 놓고 보면, 후자가 더 상처를 많이 받고 우울증에 걸릴 확률도 더 높습니다. 그러므로 그런 성향의 사람에게는 좀 더 관심과 보살핌이 필요할 것입니다. 이런 사실을 감안하면 상처를 주고 받는 관계에서 모든 사람이 모든 사람에게 똑같은 정도의 상처를 주고 받으므로 서로 용서하라는 것은 합리적이지 않습니다. 거기에 확실히 좀 더 섬세한 접근의 필요가 있습니다.

동시에 우리 각자가 개인적으로 이 현실을 자기에게 적용해서는 해답이 안 나옵니다. 대부분의 사람은 자기가 상처를 주기보다는 받는 편에 속한다고 생각하거나 그렇게 생각하고 싶어하는 경향이 있는 까닭입니다. 상처를 주고 받는 면에서 실제로 차이가 있다고 하더라도 그것을 정량화하여 측정하고 그 결과 우리가 어느 만큼 빚을 갚아야 하는지를 정하기는 불가능합니다. 그러니까 용서를 위해서 다른 방법이 필요합니다.

그래서 주님께서는 용서를 위한 근거로서 우리가 서로에게 얼마나 빚을 졌는지 양을 따지라고 말씀하지 않으셨습니다. 도리가 너희가 하나님께로부터 얼마나 많은 빚을 탕감 받았는지를 생각하고 그것을 근거로 다른 사람의 빚을 탕감해 주라고 말씀하신 것입니다. 동시에 위에서 본 것처럼 진정으로 탕감 받은 사람, 곧 빚을 탕감 받은 실효가 그 안에서 움직인다는 증거는 다른 사람이 우리에게 진 빚을 탕감해 주는 데에서 나타난다고 가르치신 것입니다.

동시에 이 용서가 어떠해야 하는지에 대해서는 주의해야 합니다. 본문은, "너희가 각각 마음으로부터 형제를 용서하지 아니하면 나의 하늘 아버지께서도 너희에게 이와 같이 하시리라"(마 18:35)고 되어 있습니다. 여기 '마음으로부터'라는 말을 주목해야 합니다. 헬라어에서 이 표현은 물론 '카르디아'입니다. 이것은 다른 말로 하면 '마음의 진심으로'라는 뜻입니다. 용서하는 흉내를 내는 것이 아니고, 실제로 마음으로부터 용서하라는 것입니다. 이것이 우리 모두에게 적잖은 도전입니다. '우리가 우리에게 죄 지은 자를 사하여 준 것 같이 우리 죄를 사하여 주옵소서'라는 말에서 용서는 이런 마음으로부터의 용서입니다.

우리 모두는 감정의 힘을 압니다. 이론은 머리를 지배하지만 감정은 자신의 존재를 지배합니다. 그러므로 머리로 다 알아도 행하지 못하는 것은 생활 감정이 일어나지 않기 때문입니다. 그러므로 마음으로부터의 용서란, 용서해야 한다는 이론을 수긍하는 것이 아니라 마음속에서 용서의 감정이 올라와서 분노와 미움을 녹이는 것입니다. 어떻게 이것이 가능할까요? 주 예수님의 비유에서 유일한 해결책을 찾는 수밖에 없습니다. 곧 우리가 얼마나 큰 빚을 탕감 받았는지를 기억하고 묵상하는 것입니다. 그러면서 성신님께 간구해야 합니다. 마음으로부터 용서하면서 살 수 있기를 간구하는 것입니다. 이것 밖에는 달리 길이 없을 것입니다.

동시에 마음으로 용서한다는 것이 우리의 용서가 완전해야 한다는 뜻은 아닙니다. 만약 하나님께서 우리에게 완전한 용서를 요구하신다면 어떤 사람도 그 표준을 만족시킬 수 없습니다. 완전한 용서는 오직 하나님에게만 있습니다. 우리 자신이 본질적으로 완전할 수 없으므로 우리가 하는 모든 일은 불완전합니다. 따라서 우리의 용서도 완전하지 않습니다. 그러므로 마음으로부터의 용서란 그렇게 용서해야 한다는 것을 알고 그렇게 용서하는 생활을 위해서 성신님을 의지하여 계속 전진해 나가는 것입니다. 우리가 완전한 용서를 하지는 못하지만 적어도 중심으로 용서하기로 결심은 할 수 있습니다. 진정으로 이것을 결심하고 용서해 가면서 계속 전진해 나가는 것입니다. 모든 용서에는 이런 과정이 필요합니다. 이 세상에 쉬운 용서는 없으며, 모든 용서에는 시간이 걸리게 마련입니다. 하나님은 우리의 죄를 용서하기 위해서 자기 아들을 죽음에 넘겨 주는 값비싼 대가를 지불해야 했습니다. 우리가 우리에게 죄 지은 자를 용서하려면 우리 역시 마음속으로 고통의 값을 지불해야 합니다. 그 사람이 나에게 갚아야 하는 빚을 그에게서 받지 않고 내 안에서 해소하려니까 힘이 듭니다. 용서를 위해서 애쓰는 우리는 모두가 그 어려움을 압니다. 그러므로 지금 당장 완전히 용서가 되지 않는다고 해서 과도하게 절망할 필요는 없습니다. 하지만 용서를 향한 의지와 노력은 거기에 있어야 합니다. 이 의지와 노력이 바로 하나님으로부터 용서를 받은 사람의 표지입니다. 이 노력 속에서 마침내 우리는 마음으로 용서하게 됩니다. 우리에게 빚진 자의 빚을 한순간에 완전히 탕감하기는 쉽지 않을 것입니다. 그러나 적어도 그것을 탕감하기 위한 진정한 소원을 가지고 한걸음씩 전진해야 합니다. 그렇게 하는 것이 하나님의 뜻이 하늘에서 이룬 것 같이 땅에서 이루어지기를 간구하는 생활에 어울리는 일입니다.

요리문답 주기도 52주

5 또 너희는 기도할 때에 외식하는 자와 같이 하지 말라 그들은 사람에게 보이려고 회당과 큰 거리 어귀에 서서 기도하기를 좋아하느니라 내가 진실로 너희에게 이르노니 그들은 자기 상을 이미 받았느니라 6 너는 기도할 때에 네 골방에 들어가 문을 닫고 은밀한 중에 계신 네 아버지께 기도하라 은밀한 중에 보시는 네 아버지께서 갚으시리라 7 또 기도할 때에 이방인과 같이 중언부언하지 말라 그들은 말을 많이 하여야 들으실 줄 생각하느니라 8 그러므로 그들을 본받지 말라 구하기 전에 너희에게 있어야 할 것을 하나님 너희 아버지께서 아시느니라 9 그러므로 너희는 이렇게 기도하라 하늘에 계신 우리 아버지여 이름이 거룩히 여김을 받으시오며 10 나라가 임하시오며 뜻이 하늘에서 이룬 것 같이 땅에서도 이루어지이다 11 오늘 우리에게 일용할 양식을 주시옵고 12 우리가 우리에게 죄 지은 자를 사하여 준 것 같이 우리 죄를 사하여 주시옵고 13 우리를 시험에 들게 하지 마시옵고 다만 악에서 구하시옵소서 (나라와 권세와 영광이 아버지께 영원히 있사옵나이다 아멘) 14 너희가 사람의 잘못을 용서하면 너희 하늘 아버지께서도 너희 잘못을 용서하시려니와 15 너희가 사람의 잘못을 용서하지 아니하면 너희 아버지께서도 너희 잘못을 용서하지 아니하시리라 (마 6:5-15)

'우리가 우리에게 죄 지은 자를 사하여 준 것같이 우리 죄를 사하여 주옵시고'라는 간구의 원래 표현을 직역하면, '우리의 빚을 탕감해 주옵소서. 우리가 우리에게 빚 진 자를 탕감해 준 것 같이'입니다. 이 간구는 하나님의 나라에서 발생하는 중요한 일을 보여주면서 그것을 위해서 기도하고 노력하라는 것을 보여 줍니다. 첫째, 하나님 나라는 하나님께 빚을 진 사람들이 빚을 탕감 받는 곳입니다. 이 빚은 하나님께 마땅히 돌려야 할 것을 돌리지 않음으로써 발생하기도 하고 하나님의 법을 어김으로써 발생하기도 합니다. 모든 사람은 하나님께 빚을 지고 있습니다. 그런데 하나님께서 이 빚을 우리에게서 받지 않으시고 예수님에게서 다 받고 우리 빚을 탕감해 주십니다. 이것이 하나님 나라에서 일어나는 중요한 일입니다. 둘째로 하나님의 나라는 하나님께 빚을 탕감 받은 사람들이 서로에게 진 빚을 탕감해 주는 곳입니다. 우리는 서로에 대해서 빚을 집니다. 우리가 완전한 사람이 아닐 뿐더러 악한 사람들이기 때문에 다른 사람에 대해서 분노하기도 쉽고, 혹은 그렇지 않을지라도 본의 아니게 다른 사람들에게 정신적 감정적 피해를 주기 쉽습니다. 그런 일을 서로에게 행합니다. 그러므로 우리는 그 빚을 마지막까지 받아내겠다고 하지 말고 탕감해 주면서 살아야 합니다. 이렇게 하기가 쉽지 않습니다. 그래서 주님께서는 악한 동관의 비유를 통해서 우리가 서로의 빚을 탕감할 수 있는 방법을 가르쳐 주셨습니다. 우리가 하나님으로부터 얼마나 많은 빚을 탕감 받았는지를 깊이 깨달으면 다른 사람이 우리에게 진 빚도 탕감해 줄 수 있다는 것입니다. 이런 것을 생각하면서 '우리가 우리에게 죄 지은 자를 사하여 준 것 같이 우리 죄를 사하여 주옵소서'라고 기도하게 됩니다.

제52주일

127문: 여섯째 간구는 무엇입니까?

답: "우리를 시험에 들지 말게 하옵시며 다만 악에서 구하옵소서"로, 이러한 간구입니다. "우리 자신만으로는 너무나 연약하여 우리는 한순간도 스스로 설 수 없사오며, 우리의 불구대천(不俱戴天)의 원수인 마귀와 세상과 우리의 육신은 끊임없이 우리를 공격하나이다. 그러하므로 주의 성신의 힘으로 우리를 친히 붙드시고 강하게 하셔서, 우리가 이 영적 전쟁에서 패하여 거꾸러지지 않고, 마침내 완전한 승리를 얻을 때까지 우리의 원수에 대해 항상 굳세게 대항하게 하시옵소서."

128문: 당신은 이 기도를 어떻게 마칩니까?

답: "대개(大蓋) 나라와 권세와 영광이 아버지께 영원히 있사옵나이다"로, 이러한 간구입니다. "주님은 우리의 왕이시고 만물에 대한 권세를 가진 분으로서 우리에게 모든 좋은 것을 주기 원하시며 또한 주실 수 있는 분이기 때문에 우리는 이 모든 것을 주님께 구하옵니다. 이로써 우리가 아니라 주님의 거룩한 이름이 영원히 영광을 받으시옵소서."

129문: "아멘"이라는 이 짧은 말은 무엇을 뜻합니까?

답: "아멘"은 참되고 확실하다는 뜻입니다. 내가 하나님께 이런 것들을 소원하는 심정보다도 더 확실하게 하나님께서는 내 기도를 들으십니다.

마지막 간구는 '우리를 시험에 들지 말게 하옵시고 다만 악에서 구하옵소서' 하는 내용입니다. 여기서 시험이란 하나님께서 우리를 위해서 내리시는 연단이 아니라 우리의 대적이 우리를 넘어뜨리려고 보내는 유혹입니다. '페이라스모스'라는 단어는 시험, 유혹, 혹은 연단 등 여러 가지 뜻을 가집니다. 여기서 말하는 시험은 연단이 아니라 유혹입니다. 유혹이란 신자를 신앙의 길에서 벗어나 멸망의 길로 들어가게 하려는 힘입니다. 주님은 우리에게 이 유혹에서 지켜 주실 것을 기도하라 하셨습니다. 이렇게 기도하는 사람이 유혹 받을 만한 자리를 피해야 하는 의무를 진다는 것은 여러 번 강조한 바가 있습니다.

하나님께서 우리를 위해서 내리시는 연단에 대해서 보겠습니다. 신명기 13:1-3에 중요한 진리가 있습니다. "1 너희 중에 선지자나 꿈 꾸는 자가 일어나서 이적과 기사를 네게 보이고 2 그가 네게 말한 그 이적과 기사가 이루어지고 너희가 알지 못 하던 다른 신들을 우리가 따라 섬기자고 말할지라도 3 너는 그 선지자나 꿈 꾸는 자의 말을 청종하지 말라 이는 너희의 하나님 여호와께서 너희가 마음을 다하고 뜻을 다하여 너희의 하나님 여호와를 사랑하는 여부를 알려 하사 너희를 시험하심이니라"(신 13:1-3). 이 시험은 하나님의 백성에게 때때로 주어집니다. 이는 하나님께서 우리의 상태에 대해 알아보기 위함이 아니라 도리어 우리에게 우리의 상태를 알려 주시기 위해서 시험하시는 것입니다. 그러므로 이런 시험은 우리에게 반드시 필요합니다. 우리는 시험을 통과하여 주님의 인정을 받고 믿음의 힘을 얻기도 하고, 혹은 시험에 떨어져 주님의 매를 맞고 자신의 연약을 깨달아 큰 유익을 받기도 합니다. 이 은혜로운 하나님의 시험은 우리에게 필요합니다.

또 다른 경우는 이삭을 바치는 문제를 놓고 아브라함을 시험하신 것입니다(창 22장). 하나님께서는 이 모든 일의 처음과 끝을 다 아셨습니다. 아브라함이 큰 믿음을 발휘하여 이삭을 바칠 것을 다 아시면서도 하나님은 아브라함을 시험하셨습니다. 그러나 아브라함은 하나님처럼 다 아는 존재가 아니었습니다. 그래서 아브라함은 그 시험 앞에서 고민하고 생각하면서 한발한발 자신의 믿음을 따라 걸음을 내디뎌야 했습니다. 그렇게 했더니 거기서 아브라함의 위대한 믿음이 발휘되었습니다. 그리고 하나님께서는 이 놀라운 사실을 성경에 기록하게 하셨습니다. 그 이후 많은 하나님의 백성들이 아브라함이 받았던 시험에 대해 배우면서, 혹은 위로를 받고 혹은 자신의 믿음의 연약을 깨닫고 신앙에 열심을 품기도 했습니다. 이것이 우연이 아닙니다. 바로 그렇게 하려고 모든 것을 다 아시는 하나님께서 아브라함을 시험하신 것입니다.

혹은 하나님께서 자기 백성의 생존만을 보장하시면서 견딜 수 없는 고난 가운데 던져 넣기도 하십니다. 그것을 통해서 그 백성에게 큰 깨달음을 주시기 위함입니다. "8 형제들아 우리가 아시아에서 당한 환난을 너희가 모르기를 원하지 아니하노니 힘에 겹도록 심한 고생을 당하여 살 소망까지 끊어지고 9 우리는 우리 자신이 사형 선고를 받은 줄 알았으니 이는 우리로 자기를 의지하지 말고 오직 죽은 자를 다시 살리시는 하나님만 의지하게 하심이라"(고후 1:8-9). 우리는 하나님만을 의지하기가 쉽지 않습니다. 그래서 때로 정말 의지할 자가 누구인지를 깨달아야 할 필요가 있습니다. 그것을 깨닫게 하려고 하나님은 이런 고난에 그 백성을 넘겨 주기도 하십니다. 성도가 당하는 이 고난에는 또 다른 의미가 있습니다. "3 찬송하리로다 그는 우리

주 예수 그리스도의 하나님이시요 자비의 아버지시요 모든 위로의 하나님이시며 4 우리의 모든 환난 중에서 우리를 위로하사 우리로 하여금 하나님께 받는 위로로써 모든 환난 중에 있는 자들을 능히 위로하게 하시는 이시로다"(고전 1:3-4). 즉 고난 받는 성도를 통해서 동일한 고난을 받는 다른 성도들이 위로를 받게 하려는 것입니다.

혹은 하나님께서 생명에 대한 보호마저 거두어 들이셔서 그 백성으로 하여금 죽음을 당하게 하시기도 합니다. 그러나 죽음 가운데서도 믿음을 지켜 주셔서 마지막까지 믿음을 포기하지 않게 하십니다. 이런 모습은 다른 사람들에게 깊은 인상을 남기게 되어 있습니다. 믿는 사람들은 그런 성도의 인내를 통해서 위로와 힘을 얻고, 믿지 않는 사람들일지라도 그 모습에서 어떤 신비한 힘을 느끼고 마침내 구원의 길로 들어오기도 합니다. 하나님께서는 성도를 시험하심으로써 이런 다양한 효과를 내십니다. 그 방법이 어떠하든지 하나님의 모든 시험은 결코 성도를 넘어뜨리거나 범죄에 빠뜨리기 위한 목적을 가지지 않습니다. 성도를 보호하고 세우고 쓸만한 그릇으로 만들기 위해서 시험하십니다. 그러므로 우리는 하나님께서 내리시는 시험 가운데에 있을 때에는 소망을 가지고 시험을 견뎌 나갈 수 있으며, 또 하나님께서 그렇게 견디게 하십니다.

이것과 다른 성격의 시험이 있는데, 바로 하나님의 백성을 죄에 빠뜨려 무너뜨리기 위한 목적으로 오는 시험이 있습니다. 이 기도문에서 말하는 시험이 바로 그것입니다. 그것은 우리를 악으로 이끄는 유혹의 형태로 옵니다. 이 유혹을 일으키는 요소는 셋입니다. 첫째는 마귀이고, 둘째는 세상이고, 셋째는 옛 사람입니다. 요리문답에도 그것이 잘 나타나 있습니다. '우리의 불구대천(不俱戴天)의 원수인 마귀와 세상과 우리의 육신은 끊임없이 우리를 공격하나이다.' 마귀가 우리의 대적이라는 사실을 가르치는 대표적인 구절이 엡 6:11-12입니다. "11 마귀의 간계를 능히 대적하기 위하여 하나님의 전신 갑주를 입으라 12 우리의 씨름은 혈과 육을 상대하는 것이 아니요 통치자들과 권세들과 이 어둠의 세상 주관자들과 하늘에 있는 악의 영들을 상대함이라"(엡 6:11-12). 세상이 우리를 공격하는 방식은 요일 2:15-17에 기록되어 있습니다. "15 이 세상이나 세상에 있는 것들을 사랑하지 말라 누구든지 세상을 사랑하면 아버지의 사랑이 그 안에 있지 아니하니 16 이는 세상에 있는 모든 것이 육신의 정욕과 안목의 정욕과 이생의 자랑이니 다 아버지께로부터 온 것이 아니요 세상으로부터 온 것이라 17 이 세상도, 그 정욕도 지나가되 오직 하나님의 뜻을 행하는 자는 영원히 거하느니라"(요일 2:15-17). 또한 우리 안에 있는 정욕 곧 우리 옛 사람이 우리를 공격합니다. "16 내가 이르노니 너희는 성령을 따라 행하라 그리하면 육체의 욕심을 이루지 아니하리라 17 육체의 소욕은 성령을 거스르고 성령은 육체를 거스르나니 이 둘이 서로 대적함으로 너희가 원하는 것을 하지 못하게 하려 함이니라"(갈 5:16-17).

 그런데 이 모든 공격은 우리 힘으로 막아낼 수 없는 것들입니다. 그러므로 하늘에 계신 우리 아버지께서 우리를 그런 시험과 악에 빠져들지 않게 해주시기를 기도해야 합니다. 이렇게 기도하라 하실 때, 하나님께서는 지켜주시겠다는 약속을 동시에 하시는 것입니다. 또한 이렇게 기도하라는 것은 이 기도를 들으시겠다는 약속을 전제합니다. 그러므로 우리는 믿고 기도해야 합니다. 동시에 이렇게 기도하는 사람은 시험에 들 일을 하거나 시험에 들 자리에 가지 말아야 합니다.

시험에 들지 말게 해달라고 기도하는 사람이 시험 받을 만한 자리를 찾아서 돌아다닌다면 이는 하나님을 시험하는 위험한 일입니다. "12 그런즉 선 줄로 생각하는 자는 넘어질까 조심하라 13 사람이 감당할 시험밖에는 너희가 당한 것이 없나니 오직 하나님은 미쁘사 너희가 감당하지 못할 시험 당함을 허락하지 아니하시고 시험 당할 즈음에 또한 피할 길을 내사 너희로 능히 감당하게 하시느니라 14 그런즉 내 사랑하는 자들아 우상 숭배하는 일을 피하라"(고전 10:12-14). 이것이 시험을 당할 때에 모든 신자가 기억할 대원칙입니다. 하나님께서는 우리가 감당할 시험만을 우리에게 허락하십니다. 그러므로 자기가 시험을 당하여 혹시 넘어지면 어쩌나 하는 걱정을 미리 할 필요가 없습니다. 참된 신자는 절대로 시험에 넘어가 구원에서 떨어지는 일이 없습니다. 그렇다고 해서 시험에 대해서 아무 주의나 대비도 하지 않고 시험 속으로 첨벙첨벙 걸어 들어가도 좋다는 것이 아닙니다. 그러므로 한편으로는 시험을 두려워하고 미리 걱정할 것도 없지만, 다른 한편으로는 시험을 피하기 위해서 노력해야 합니다. 시험 받을 자리에 가지도 말고 시험에 빠질 만한 일은 하지 말아야 합니다.

다음으로 주 예수께서는 우리가 악에서 건짐 받기를 기도하라 하셨습니다. 주님께서는 우리가 악에 처해 있다는 것을 잘 아십니다. 이 세상에는 다양한 형태의 악이 있습니다. 경제적 악은 가난입니다. 신체적 악은 질병입니다. 사회적 악은 불공의입니다. 도덕적 악은 죄입니다. 이 모든 죄와 악이 가득한 것이 우리 삶의 현실입니다. 도처에 죽음과 불행이 널려 있습니다. 지구 전체를 보면 이것이 더욱 생생합니다. 세계 최대 빈국인 아프리카, 동남 아시아 등지에서는 많은 사람들이 식량의 부족, 기본적인 의료 서비스의 결핍으로 인해서, 충분히 막을 수 있는 죽음을 막지 못해 매일 수천 명씩 죽어가고 있습니다. 이 모든 것들이 인간의 죄와 마귀의 공격의 산물입니다. 모든 사람은 말할 것도 없고 우리 자신도 그 안에서 사는 것을 하나님은 기뻐하지 않으십니다. 그러므로 하나님께서는 악에서 건짐 받기를 기도하라 하셨습니다. 이 기도에 대한 응답은 이 세상에서는 정도에 따라서 오지만 완성된 세상에서 비로소 완전하게 옵니다. 그러므로 악에서 건짐 받기를 기도하면서 우리는 앞으로 주 예수께서 다시 오셔서 이루실 영원하고 완전한 나라를 더욱 사모하게 되는 것입니다. 다른 한편으로는 악에 빠진 사람들을 거기서 건져내는 일에 무엇인가 할 수 있는 일을 해야 합니다.

이 모든 것을 구하면서 마음속에 기억하고 상기해야 하는 일이 있습니다. 하늘에 하나님이 계시고 그 하나님은 능력이 많으시며 사람에게서 높임을 받으셔야 하고, 영광을 받으셔야 한다는 사실입니다. 이 기도의 첫째 간구는 '하나님의 이름이 거룩히 여김을 받으시기 원하나이다' 하는 것이었습니다. 그리고 이 기도의 마지막은 '대개 나라와 권세와 영광이 하나님께 영원히 있사옵나이다'입니다. 수미상관을 통해서 기도의 정신이 명확하게 드러납니다. 하나님이 높임과 영광을 받으시는 세상, 그 안에서 만물은 제자리를 찾고 우리는 삶의 의미를 발견하며 참된 행복을 발견합니다. 동시에 우리의 기도를 들으시는 하늘의 아버지는 '나라와 권세와 영광'을 영원히 가지신 분입니다. 그렇다면 가장 지혜로운 방법으로 우리의 기도를 들어 응답하실 수 있는 분입니다. 그러므로 이 마지막 구절은 우리의 기도가 반드시 응답될 것을 확증함으로 우리의 믿음을 돕습니다.

뿐만 아닙니다. 모든 사람은 무엇을 먹을까 무엇을 마실까를 걱정

합니다. 신자는 그것을 걱정할 필요가 없다는 것을 알지만 걱정이 새록새록 일어나는 것을 어찌지 못할 때가 있습니다. 지금 당장 안정된 직업이 없을 때, 혹은 앞으로 직업이 없어질 것을 예상할 때, 노숙자가 된 사람들이나 극심한 가난 속에서 사는 사람들의 생생한 삶을 눈앞에서 볼 때 모든 사람은 미래에 대한 불안을 느낍니다. 자신도 그런 처지에 떨어질 수도 있다는 것이 현실입니다. 국가가 정신을 차리지 못하고 있고, 더불어 살아야 한다는 정신이 충분히 발전되지 못한 이 사회에서 누구나 그런 불안을 느끼지 않을 수 없습니다. 뿐더러 모든 사람은 마음 깊은 곳에 죄의식을 가지고 삽니다. 어떤 사람은 실제로 다른 사람에게 악을 행해서 고통을 줍니다. 사기를 쳐서 다른 사람의 재산을 훔쳐가기도 하고, 회사를 위한다는 명목으로 사람을 해고하여 어찌할 수 없는 사람들을 길거리로 내몰기도 합니다. 이런 사람들이 아무리 노력해도 마음속에 일말의 죄의식을 느끼지 않을 수 없을 것입니다. 혹은 다른 사람의 마음을 상하게도 하고, 어떤 때에는 그 빚을 갚을 길이 없이 되어 평생을 후회와 회한 속에서 살기도 합니다. 이 죄와 빚의 문제는 모든 사람이 영혼 속에 가지고 있는 질병으로 사람의 활력과 생명을 조금씩 갉아 먹습니다. 모든 사람이 이런 속에서 살고 있습니다.

 이런 우리에게 주님께서 찾아오셔서 기도 하나를 가르쳐 주십니다. '이 기도를 하면서 살아라, 내가 그 기도에 반드시 응답할 테니 모든 걱정과 근심을 나에게 맡기고 이 기도를 하면서 살아라' 하는 말씀과 함께 이 기도를 가르쳐 주시는 것입니다. 이 기도가 얼마나 사랑스러운지 이루 말로 할 수 없습니다. 아무리 여러 번을 보아도 항상 새롭고 은혜로운 것이 이 기도입니다.

주님은 이 짧은 한 편의 기도를 우리에게 주시면서, 여러 가지 말씀을 하십니다. 아주 높은 곳에는 하나님이 계시는데 그 분이 우리의 아버지라고 가장 먼저 말씀하십니다. 그래서 하나님을 부를 때에 '하늘에 계신 우리 아버지'라고 부르라 하셨습니다. 그는 높으신 분일 뿐 아니라 우리의 일거수일투족을 내려다보시고, 우리 마음의 깊은 곳까지 다 들여다보시는 분입니다. 그는 하늘에 계신 분이므로 창조주요 통치자이십니다. "이는 만물이 주에게서 나오고 주로 말미암고 주에게로 돌아감이라 그에게 영광이 세세에 있을지어다 아멘"(롬 11:36). 그 능력과 영광은 우리가 상상할 수도 없을 만큼 큽니다. 그 하나님이 우리를 지극히 사랑하시는 아버지이십니다. 이렇게 말씀하시면서 그리스도께서는 그 아버지를 의지하고, 그 아버지께서 모든 것을 공급해 주시며 함께 하실 것을 믿으라 하십니다. 아무 걱정하지 말고, 다 맡기고 살라 하십니다. 그래서 아버지라 하신 것입니다. 이 세상의 불완전한 인간 아버지들도 자기 가족의 안녕과 행복을 위해 땀을 흘리며 기를 쓰고 일합니다. 하물며 완전하신 하늘의 아버지는 얼마나 더하시겠습니까? 그러니 하늘에 계신 우리 아버지를 든든히 의지하고 살 수 있습니다. 동시에 그 아버지는 '나의' 아버지가 아니라 '우리' 아버지입니다. 우리가 한 아버지를 가진 형제자매요 식구인 것을 알고 서로 사랑해야 한다는 것을 깨닫게 하기 위해서 '나의' 아버지라 하지 말고, '우리' 아버지라 하라고 하신 것입니다. 이것은 참 귀중하고 위로가 되는 지식입니다. 그리스도께서는 이런 사실을 가르치시려고 이 기도를 내려주셨습니다.

이렇게 해서 그리스도께서는 우리가 무엇을 추구하며 살아야 하는지를 은근히 가르치십니다. 먼저 하늘에 계신 우리 아버지를 깨닫게 하신 것입니다. 그렇다면 당연히 마음에 떠오르는 상념이 있습니다. 그 아버지는 귀하신 분이다, 높으신 분이다, 그러니 그 이름은 거룩히 여김을 받아야지 멸시를 받으면 안 되겠다 하는 심정이 일어납니다. 모든 칭찬과 존귀와 영광을 받으셔야 하는 분입니다. 이름은 그 분의 존재와 속성을 대표합니다. 셋째 계명은 그 이름을 망령되이 일컫지 말라 했습니다. 왜냐하면 그 이름으로 불리는 하나님이 존귀하기 때문입니다. 그러므로 그 이름을 부를 때에는 그만한 무게와 신중함을 가지고 불러야 하며, 그 이름을 존중하고 그 앞에 엎드려야 합니다. 그것이 우리 마음의 소원이요 삶의 목적이 되어야 하므로 '이름이 거룩히 여김을 받으옵소서' 하고 기도하라 하셨습니다.

다음으로는 '나라가 임하옵소서' 하고 기도하라 하셨습니다. 엄밀하게 말하면 온 세상은 하나님의 통치를 받으므로 하나님의 나라입니다. 하지만 인간 세상에서 하나님의 통치를 이루기 위해서 하나님은 사람의 마음속에 소원을 두고 행하게 하십니다. 나라가 임한다는 것은 통치가 이루어진다는 것입니다. 그런데 하나님은 법으로 통치하십니다. 따라서 백성이 하나님의 법을 잘 지키면 하나님의 통치가 이루어지는 것이고 이렇게 되는 것을 가리켜서 나라가 임한다고 합니다. 그러므로 나라가 임하기를 기도하는 사람은 하나님의 법을 지켜야 합니다.

또한 하나님은 이 세상에 대해서 어떤 뜻을 가지고 계십니다. 이루어지기를 원하는 어떤 목적을 가지고 계시다는 뜻입니다. 그 뜻이 하늘에서는 완전히 이루어집니다. 그것은 의롭고 선하고 아름다운 뜻입니다. 그 뜻이 이루어지는 곳에 생명과 빛이 넘칩니다. 이 뜻이 이루어지는 것은 우리가 의무로 하는 것이나 억지로 하는 것이 아닙니다.

우리가 마음속으로 원하는 참으로 좋은 것, 그것이 어떻게 이루어지느냐 하면 하나님의 뜻이 이루어지는 곳에서 이루어집니다. 그러므로 우리는 하나님의 뜻이 이루어지기를 소원하며 그 뜻을 찾아서 이루는 것을 우리의 즐거움으로 삼아야 합니다.

그리스도께서는 이 세 가지를 우리 삶의 목표로 삼고 그것을 위해서 기도하면서 그것이 이루어지도록 애쓰라 하셨습니다. 삶의 많은 문제들에 대해서 질문하게 됩니다. 하지만 질문만 하는 것은 아닙니다. 가장 크고 중요한 문제에 대해서는 논란의 여지 없이 분명한 목표가 있습니다. 이 목표는 우리가 만든 것이 아닙니다. 천지의 창조주이신 하나님께서 친히 보여 주신 것입니다.

우리로 그 목표에 도달하게 하기 위해서 하나님께서는 모든 것을 채워 주실 것을 약속하시고 그것을 구하라 하셨습니다. 왜 우리는 이 모든 것을 하나님으로부터 구하면서 살아야 할까요? 첫째, 그것을 하늘에 계신 우리 아버지 이외의 다른 데서는 얻을 수가 없기 때문입니다. 둘째, 나라와 권세와 영광이 아버지께 영원히 있기 때문입니다. 또한 그 사실을 인식하고 전파하는 것이 우리 사명이기 때문입니다. 베드로전서는 우리가 제사장 가문의 일원이 된 사실을 가르치고 있습니다. 우리의 구원을 위해서, 하나님의 영광을 위해서 우리에게는 이 모든 것이 필요합니다. 그래서 주님께서는 이것을 기도하라 하셨습니다.

이렇게 주 예수 그리스도께서는 제자들에게 이 기도를 가르치셨습니다. 이것은 그리스도의 제자들, 하나님의 백성들을 위한 기도입니다. 하지만 좀 더 정확하게 말하면 모든 사람이 이 기도를 드리면서 살아야 합니다. 이 기도가 필요치 않은 사람이 어디 있겠습니까? 이 짧은 기도는 하나님과 그의 백성 사이의 관계, 하나님께서 그 백성에게 약속하신 복들, 백성이 그 복을 받기 위해서 간구해야 하는 내용, 또한 하나님께서 그 백성을 통해서 이루고자 하시는 일들이 전부 망라되어 있습니다. 이 짧은 기도가 그렇게도 많은 내용을 포함할 수 있다는 사실은 우리로 신성한 지혜를 느끼게 합니다.

모든 기도와 마찬가지로 이 기도를 '아멘'이라는 말로 마칩니다. 아멘이라는 말은 '진정으로'라는 뜻입니다. 우리 주 예수 그리스도께서 사람들에게 말씀하실 때에 '아멘, 아멘' 하고 말씀하신 적이 많습니다. '내가 진실로 진실로 네게 이르노니'에서 '진실로 진실로'가 '아멘 아멘'입니다. 우리가 기도를 아멘이라는 말로 마치는 것은 그 구한 내용이 자기의 진심이라는 뜻입니다. 미국 대통령이 선서할 때에 성경에 손을 얹음으로써 자기의 선서 내용이 진심이라는 것을 표시하는 것처럼 우리는 '아멘'이라는 말로 이 기도가 우리의 진심임을 선언합니다. 하이델베르크 요리문답 마지막 129문은 아멘에 대해서 이렇게 말합니다.

129문: "아멘"이라는 이 짧은 말은 무엇을 뜻합니까?

답: "아멘"은 참되고 확실하다는 뜻입니다. 내가 하나님께 이런 것들을 소원하는 심정보다도 더 확실하게 하나님께서는 내 기도를 들으십니다.

이 요리문답의 작성자는 마지막까지 자신의 소원과 진심보다 하나님을 더 의지합니다. 이 인상적인 믿음의 표현으로 요리문답을 마치겠습니다.

주기도문 결론

　주님께서 가르치신 기도에 대한 공부를 마치면서 결론적으로 한두 가지 생각하고자 합니다. 성경에 등장하는 그 많은 기도들의 실례가 있음에도 주님께서 가르쳐 주신 이 기도는 기도에 대한 계시의 절정입니다. 그러므로 기도에 대한 모든 참된 논의는 여기서 출발해야 합니다. 그래서 하이델베르크 요리문답이나 웨스트민스터 소요리문답은 기도에 대해서 길게 논하지 않고 주님께서 가르쳐 주신 기도를 해설하는 것으로 그 주제를 정리했습니다.
　다른 모든 거룩한 교훈과 마찬가지로 기도에 대한 교훈도 긴 세월 동안 다양한 경우의 많은 사람들의 기도를 통해서 주어졌습니다. 그 기도들을 살펴볼 때에는, 그것을 기도한 사람들이 처했던 독특한 사정과 그것을 기도한 사람들의 신앙의 정도가 다 다르다는 사실을 고려해야 합니다. 그리고 하나님께서 그 기도와 그 결과를 성경에 포함해서 교회에 내려 주신 목적도 다릅니다. 바로 그런 이유로 성경의 모든 기도로부터 귀중한 영적인 교훈을 받을 수는 있지만, 그 기도들이 모든 시대 모든 성도들이 그대로 따라할 수 있는 모범이 아닙니다. 예를 들면 히스기야가 죽음의 선고를 받은 후에 하나님께 자비를 구했고, 하나님께서 그 기도를 들으시고 그의 수명을 십오 년 연장해 주신 사실이 있다고 해서, 죽음에 임박한 모든 신자가 히스기야를 생각하면서 자기도 수명을 연장해 달라고 기도할 수 있다고 생각하지 말아야 합니다. 엘리야의 기도에 의해서 비가 그치기도 하고 오기도 했다고 해서 아무나 엘리야 흉내를 낼 수는 없습니다. 한나가 기도하여 사무엘을 얻었다고 하여 아이를 낳지 못하는 모든 경우에 하나님께 기도하면 아이를 얻을 수 있다고 주장할 수 없습니다. 야베스가 복을 구하는 기도를 하였고, 하나님이 그 기도를 들어주셔서 그에게 복을 주셨다고 하여, 모든 사람이 야베스와 똑같이 기도하면 하나님이 야베스와 똑같이 복을 주실 것이라고 생각할 수 없습니다. 이와 같이 성경에 기록된 기도들은 그것이 성경에 기록되었다고 해서 신자가 그것을 그대로 따라할 수 없습니다. 이런 사실에 대한 고려가 없이 기도하면, 하나님의 뜻과 무관한 기도가 되기 쉽고, 그렇게 되면 기도의 응답을 받지 못합니다. 이런 일이 반복되면 마지막에는 기도에 대한 신뢰가 없어져서 점점 기도를 할 수 없는 상태에 떨어지거나 기도를 해도 큰 기대 없이 습관적으로 기도하는 상태에 떨어지기 쉽습니다. 이것은 기도를 통해서 신앙의 성장에 도움을 받는 것이 아니라 신앙의 퇴보를 초래하는 것입니다.

그런데 주님께서 가르치신 기도는 그 모든 개별 기도들의 한계를 초월하여 모든 시대의 모든 사람들이 기도할 때마다 모범으로 삼아야 하는 이상적인 기도입니다. 주님께서 이렇게 기도를 가르쳐 주신 목적도 거기에 있습니다. 성경에 있는 많은 기도를 무차별적으로 따라하지 말고, 주님께서 결정적으로 가르쳐 주신 기도를 따라 하라는 것입니다. 그러므로 주님께서 가르쳐 주신 기도의 정신과 내용으로 기도하면 언제나 하나님의 원하시는 기도에 합당하게 기도할 수 있고 백 퍼센트 응답 받는 기도를 할 수 있습니다. 이런 기도를 하면 신앙의 성장에 도움을 얻습니다.

주님께서 가르치신 기도의 정신과 원칙에 따라 기도하려 할 때에 우리가 가장 먼저 해결해야 하는 문제는, 과연 그 기도가 나의 마음의 소원이 되어 있느냐 하는 것입니다. 이것이 기도의 정직성의 문제입니다. 이 문제를 반드시 심각하게 짚고 넘어가야 합니다. 왜냐하면 하나님은 우리의 입의 말을 듣는 것이 아니라 우리의 마음의 소원을 직접 보시기 때문입니다. 그런 의미에서 모든 사람은 기도하고 있고, 신자도 기도하고 있으며, 그 모든 기도를 하나님이 아십니다.

이런 의미에서 보면 입으로 하는 기도의 효과는 전혀 다른 데에 있습니다. 엄밀하게 이야기하면 그것은 마음속에서 이미 올린 기도의 결과물입니다. 즉 마음속에 이미 품은 소원이 있고, 그것이 그 사람의 진정한 기도입니다. 그것을 입으로 발설하는 것입니다. 하나님께서는 내가 네 마음의 소원을 다 알고 있으니 기도할 필요가 없다고 하지 않으시고, 입을 열어 기도하라 하신 이유가 이것과 연관되어 있습니다.

이렇게 하신 이유는 죄인인 우리에게 있는 한 가지 문제를 해결하기 위함입니다. 그것은 우리가 정말로 원하는 것이 입으로 발설할 만큼 떳떳하지 못한 경우가 많다는 사실입니다. 사람은 원해서는 안 되는 많은 것을 원하면서 삽니다. 큰 돈을 벌어서 부자로 떵떵거리면서 살고 싶고, 명예와 권세를 얻어서 모든 사람이 자기 앞에 고개를 조아리는 삶을 살고 싶어하는 욕망이 모든 사람에게 있습니다. 그것을 마음속으로 원한다면 그것이 그 사람의 기도입니다. 어떤 사람은 후안무치하게도 그것을 그대로 기도합니다. 물론 하나님의 영광을 위한다는 구실을 붙입니다. 그것은 어떤 의미에서 정직한 기도일 수는 있을 것입니다. 하지만 그 사람은 정직하고 일관되게 하나님의 뜻을 떠나 있는 것입니다.

그런데 많은 경우 우리는 그런 것을 원하는 것이 좋은 신앙이 아니라는 사실을 알고 있습니다. 그리고 신자는 오직 하나님의 영광을 위해서 살아야 한다고 배웠습니다. 주님께서 가르치신 기도가 바로 그런 정신으로 충일합니다. 그러므로 그렇게 기도해야 하는 것이 옳습니다. 하지만 자기의 마음속을 들여다 보았을 때 그렇게 하나님의 영광만을 위한 마음으로 충일하지 않고 여전히 세상에 대한 욕심이 남아 있다면 어떻게 할까요? 바로 이것이 우리에게 닥치는 기도의 딜레마입니다. 내가 입을 열어 기도해야 하는 내용과 나의 마음속의 기도가 일치하지 않는 것입니다. 주님께서 우리에게 가르치신 기도는 바로 그 문제를 가장 먼저 짚고 넘어갈 것을 도전합니다.

결국 주님께서 가르치신 기도가 우리를 이끌고 가는 경지는 우리의 마음 가장 깊은 곳에서 하나님의 이름이 거룩히 여기심을 받는 것, 하나님의 나라가 이 땅에 서는 것, 하나님의 뜻이 이 땅에서 완전히 이루어지는 것을 다른 무엇보다 간절히 원하는 경지입니다. 만약 우리의 마음이 그런 상태에 있다면 주님께서 가르쳐 주신 이 기도를 정직하게 드릴 수 있습니다. 또한 이 기도는 하나님의 뜻에 완전히 일치하는 내용으로 되어 있으므로 하나님께서는 이 기도를 들으시고 반드시 응답하십니다. 이렇게 되어 "너희가 내 안에 거하고 내 말이 너희 안에 거하면 무엇이든지 원하는 대로 구하라 그리하면 이루리라"는 말씀이 성취됩니다(요 15:7).

그 이외에 먹고 입고 사는 것은 굶지 않고 건강을 유지할 수 있을 정도이면 충분합니다. 병에 걸리지 않고 건강하면 병든 것보다는 좋습니다. 하지만 때로 하나님께서는 자신의 영광을 위하여 우리로 가난과 질병을 통과하게도 하십니다. 우리가 구하기 전에 우리에게 필요한 것을 다 아시는 하나님께서 어련히 알아서 주실 것이므로 그런 문제를 그렇게 심각하게 구할 필요는 없습니다. 단지 성경의 교훈대로 근면하게 일하면서, 하나님께서 정하신 일반적인 법칙에 따라 건강한 생활 습관을 유지하면 됩니다. 적당히 먹고 적당히 운동하고 부지런히 일하는 건강한 생활을 유지하는 것입니다. 이 몸은 세월과 함께 쇠하고 결국 무덤으로 들어가 썩을 몸입니다. 사는 동안 건강하게 살면서 하나님을 유효하게 섬길 수 있는 정도이면 충분합니다. 하지만 이런 생활도 반드시 하나님께서 주셔야 합니다. 그래서 욕심을 부리지 않는 신자라도, 자기 생존을 위한 작은 것들이라도 하나님께서 주지 않으시면 받지 못하므로 '오늘날 우리에게 일용할 양식을 주옵소서'라고 기도하게 됩니다.

다음으로 중요한 것은 우리가 하나님께 지은 빚 곧 죄의 빚을 탕감받는 것, 그리고 하나님의 백성다운 품성을 가지고 자기에게 빚을 진 사람의 빚을 탕감해 주는 것, 그리고 시험과 악에 붙잡히지 않는 것입니다. 이런 생활은 신자의 삶의 소극적인 측면이지만 이것이 문제가 되면 하나님 나라를 위한 적극적인 기여를 할 수 없게 됩니다. 그래서 시험에 빠지지 않고, 악에서 건짐을 받는 것이 중요합니다. 그래서 그것을 구합니다.

신자도 사는 동안 세상 사람들이 당하는 희로애락을 다 당하고 삽니다. 하나님께서 신자를 특별히 도와서 세상살이에 수반되는 희로애락을 당하지 않게 하신다고 주장하는 사람들이 있는데, 바른 생각이 아닙니다. 성경은 신자의 생활을 그렇게 그리지 않습니다. 그러므로 하나님의 능력을 빌어서 세상에서 액을 피하고 평안과 행복을 얻겠다는 이교적인 생각을 절대로 가지지 말아야 합니다. 구약의 이스라엘 백성이 그런 생각을 하다가 우상숭배에 빠져 멸망 당한 것입니다. 세상살이의 슬픔과 기쁨을 똑같이 겪지만 그것을 전혀 다른 방식으로 대해 나가는 데에 신자의 특성이 있습니다.

주님께서 가르치신 이 기도를 진정으로 드릴 수 있는 사람이라면 그의 마음이 크고 넓은 사람입니다. 그는 단순히 세상에서 자기의 행불행을 초월했을 뿐만 아니라 자기의 국적이나 인종을 초월한 사람입니다. 그는 지금 자기가 속한 국가나 역사에 매여 있는 것이 아니라 온 역사를 관통하여 존재하는 하나님의 나라가 가장 중요한 문제가 되어 있어서 그것을 위해서 기도하는 것입니다. 이런 사람이라면 당연히 통이 크고 마음이 넓은 사람입니다. 그렇게 되지 않으면 주님께서 가르치신 기도가 아무 실감이 안나는 것입니다. 이렇게 주님께서는 이 기도를 통해서 신자를 큰 사람으로 성숙시키십니다. 이렇게 큰 사람이 되어 산다면 자기에게 당한 작은 일들을 얼마든지 처리해 나갈 것입니다. 그릇이 작은 사람은 큰 일을 감당하지 못하지만, 그릇이 큰 사람은 작은 일들을 감당할 수 있습니다. 이렇게 되어 신자는 그가 속한 사회에서 가장 유능하게 일하고 기여하는 사람이 됩니다. 이런 사람이 많아지면 그 사회가 복을 받습니다. 공평과 정의가 진작되고 사랑과 자비가 넘치는 사회가 되기 때문입니다.